陈浩 王小博 李相如 著

品牌势能

存量时代品牌升级与增长路径

中国友谊出版公司

推荐序

自改革开放以来，中国经济发展取得了举世瞩目的成就。在发展为世界第二大经济体的同时，我国逐步从制造大国向品牌强国转变，以全新的品牌建设翻开实现中华民族伟大复兴的新篇章。2023年，我国（含港澳台地区）共计142家企业上榜《财富》世界500强企业榜单，位列世界各国之首。在2024年最具品牌价值的世界品牌500强榜单里，中国有73个品牌上榜，成为世界第二的品牌大国；其中有8个品牌在前25名中占据超1/4的席位，成为国际市场上展示中国新质生产力的闪耀"名片"。在2024年，中国最具价值品牌的500强榜单里，华为成功突破封锁，涅槃重生，以9386.99亿元的品牌价值高居榜首；以美学为价值内涵的茅台则以4513.29亿元的品牌价值位列第14名，纷纷走出了科技型和资源型企业的品牌价值向上之路。中国企业的快速崛起表明，品牌是中国企业走向世界的关键要素之一，推动着中国经济高质量发展。中国500强企业的发展史就是一部品牌变革史。在改革开放前三十余年，中国企业所运用的品牌方法论主要以吸收、引进、消化为主。伴随着新商业时代（新零售渠道、5G物联网技术、新消费人群、新媒体传播）的来临，近几年来中国品牌所面临的商业环境发生了巨变，以华为、茅台、安踏和比亚迪等为代表的中国品牌企业，在吸收消化的基础上纷纷走出了自主创新的品牌发展道路，并实现对外资同行的追赶反超。

作为一家"以变革·谋未来"为主张的咨询公司，我们希望能够及时总结中国领先的企业在品牌打造领域的最佳实践。在新商业时代，中国企业如何创建强势品牌并突破自身发展瓶颈，如何从众多品牌方法论中找寻适合自己的品牌扩张模式和增长路径？品牌如何打破高消耗式的竞争现状？本书凝聚百思特多年咨询实践经验，主张以品牌价值为基础打造高体验感知、高附加利益的强势品牌，并明确提出了品牌势能这一开创性的品牌概念。本书延续和丰富了世界级品牌大师戴维·阿克的品牌战略理念，重申了品牌势能的源头在于品牌资产，并且更进一步总结了14种强势品牌创建的方式。此外本书还创新性地总结了美国快消品、欧洲奢侈品、日本耐消品的三大主流品牌发展道路，并根据咨询实践总结了并不局限于品类（人群）聚焦的品牌战略模型等。希望通过本书的总结，能够助力中国企业摆脱传统品牌方法论的思维桎梏和路径依赖，找到适合国情和自身发展的品牌道路，从品牌变革中找到制胜新方法并赢得未来。

百思特管理咨询集团董事长　张正华

目录

01 品牌势能时代来临

第一章　新商业时代呼唤品牌新思维　　// 003
第二章　品牌崛起新模式：品牌势能　　// 009

02 品牌势能制胜：如何在竞争中实现持续增长

第三章　品牌力与品牌势能　　// 025
第四章　品牌势能的源头　　// 045
第五章　品牌增长之路　　// 063
第六章　解锁品牌长期增长的密码　　// 084

03 品牌势能之路：
如何打造强势品牌

第七章　打造强势品牌的 14 种方式　　// 121

第八章　如何创建强势品牌　　// 184

第九章　识别常见的品牌战略陷阱　　// 234

PART ONE

01

品牌势能时代来临

第一章　新商业时代呼唤品牌新思维

从规模、业态、消费模式等多维角度来看，中国市场近5年发生了翻天覆地的变化。消费升级和国内统一大市场的建设造就了中国消费市场超大的规模，移动支付和跨境支付技术，微信、抖音、哔哩哔哩（bilibili，简称B站）等新媒体平台，电子商务新零售渠道等更是领先欧美。在此基础上，移动支付便捷化、电子商务创新发展、新媒体社交化实现了内容传播、品牌打造、粉丝运营、货品销售等营销工作的一体化，叠加新媒体的极度碎片化和新零售渠道分层化、多元化，品牌升级到新商业时代的新营销模式已经成为所有品牌企业应对未来商业环境的必然选择。

传统品牌的瓶颈与新品牌的崛起

在新商业时代消费升级背景下，日益激烈的市场竞争对于众多新老品牌来说既是机遇，也是挑战。一方面，传统大品牌没有选择与时俱进，仍然依托传统渠道优势封杀商超货架，而随着新消费人群、新零售的出现，更多的新市场被催生出，传统流通渠道的份额渐渐被新零售蚕食；另一方面，新品牌在细分市场击败大品牌不再成为新鲜事。以方便速食行业为例，以康师傅、统一为代表的传统巨头企业的市场正被逐步蚕食。除了自嗨锅、莫小仙等新品牌强势崛起并占据方便食品细分市场之外，如嗨吃家、食族人等更具新商业时代品牌新思维特色的品牌，更是通过差异化产品打入了方便速食市场，实现引爆增长。

可以说，越来越多的新品牌开始"不走寻常路"，以品牌新思维开启差异化发展之路。在避孕套市场，外资品牌林立的市场格局长期存在，大象避孕套却在年轻人群中找到了属于自我的天地；在燕窝市场，小仙炖和俞文青燕窝水都以细分市场为核心实现了引爆增长。它们既不跟随传统品牌，也不模仿大企业产品，更不走大众化市场、不做同质化产品。这些新品牌专注属于自己的细分市场，做差异化产品。它们不再过度依赖渠道商家，而是让新消费人群为产品叫好，进而让消费者选择的力量成为企业成长的主要动力。类似例子数不胜数，由此可以看出：在新商业时代下，新品牌们正在拥抱消费升级红利，迎来生命里的春天。

以市场和消费者为导向，这是商业竞争不变的法则。而在新消费趋势下，波司登、回力、李宁、百雀羚、大白兔等国产老品牌抓住年轻人这一庞大的消费群体，通过产品迭代和品牌升级迭代实现复苏和增长；大疆无人机、小牛电动、RIO鸡尾酒、江小白、三只松鼠、亚朵酒店等老一代国潮品牌同样成长为实力派；蔚来汽车、理想汽车、认养一头牛、王饱饱、玛丽黛佳、白贝壳（Babycare）、花西子、安牧、由彼（Ubras）、蕉内、空刻意面、泡泡玛特等新一代国潮品牌正在崛起的路上。从行业细分赛道来看，母婴用品、服饰鞋帽、食品饮料酒水、美妆日化、汽车摩托、智能硬件、家居生活等领域在新消费趋势下孕育出大量新消费品牌。这些品牌的销售规模普遍以每年3倍以上的速度增长。而这一现象背后隐含的中国品牌发展模式和营销创新模型很值得研究。

如果我们深度研究新消费品牌的崛起之路，会发现一些共性：它们从起步开始就从未对标竞争品牌，也没有考虑抢占消费者心智认知，而是专注于产品升级和新零售渠道布局，在贴近用户反馈的基础上迭代升级商品，以更好的体验满足消费者需求。和传统品牌思维不同，其发展模式不走"农村包围城市"的路线，也不依赖深度分销和传统渠道，不打定位广告固化消费者认知，不做劣质低价产品，不打明星广告招商，而是通过品牌IP（intellectual property，知识产权，可引申为"独特卖点"）打造和PR（public relations，简称"公关"）传播实现品牌塑造，进而打造超越传统品牌认知的品牌势能；积极主动和目标用户沟通互动，尤其是与新消费人群建立情感连接并获得他们的品牌偏好[1]。这些共性背后体现的是全新的商业思维和品牌营销模式——在新零售渠道持续收获新消费人群青睐，逐步成为细分品类中的领先品牌。

---

[1] 品牌偏好是指消费者对品牌的喜好程度及选择意愿，品牌偏好度越高对相关品牌的购买意愿越强。在全球品牌大师戴维·阿克看来，成熟竞争市场中的品牌偏好竞争是一场艰难且无止境的苦战，品牌偏好的竞争是在一个既定品类中通过品牌比较方式来成为顾客首选，其竞争焦点永远是在证明"我的品牌比你的品牌好"。——作者注

新商业时代三大趋势

迈入新商业时代后，消费需求开始呈现品质化、个性化、健康化和体验化的特点，消费者不仅更关注产品体验，也更期待购买方式便利化、消费场景体验化、用户社群共振化、IP内容故事化、品牌情感连接互动化、企业价值观非口号化。

正是因为消费人群结构、心态认知、决策路径、诉求动机、情绪偏好、购买方式和消费场景都发生了变化，品牌和营销自然也要全面升级。

在消费者的购买行为中，"评估"已经成为所有环节的核心。甚至在购买完成后，部分消费者依然会重新评估自己的决定和备选方案。而目前，大多数传统品牌的营销方式缺乏敏捷性和反应能力，无法对处于高度动态过程中的客户做出快速回应。因此，新商业时代的品牌营销应该了解用户未被满足的需求和购买方式的变化，以及消费决策和背后消费心理之间的逻辑关系，以最及时、最便利和最有价值的方式为客户提供消费情报，深耕多元化消费渠道场景。

只有以用户为中心，以新消费人群需求痛点为基础、情感体验为核心，以品牌势能感知为目的进行营销方式的升级转型，品牌才能在新商业时代下实现引爆增长。近几年小红书等"种草"经济的崛起充分说明了新消费人群获取商品信息路径的变化，他们的消费决策越来越少地依赖于传统促销广告，取而代之的是吸引用户注意力的内容情报。王饱饱、戴可思、添可等新消费品牌都是通过"种草"这一路径触达目标消费者，进而在天猫、京东等主流电商平台上实现产品销售。而泰蓝、土姥姥酸奶、认养一头牛、虎邦辣酱等新消费品牌则是通过社区社群团购、自媒体内容电商、外卖平台等新零售渠道实现逆袭。这些崛起的新消费品牌均在新媒体新零售渠道实现了内容传播、IP打造、货品售卖以及用户沉淀的全链路营销，其客户互动和消费体验完全不同于传统品牌。

不难看出，这些新消费品牌有着相同的特征，它们通过对目标用户的深度洞察持续进行产品迭代升级，并充分考虑用户未被解决的痛点和需求，全程购物体验让用户有价值感、获得感和期待感，从而打造出新消费品牌强大的势能。这些品牌最终都选择了离目标用户最近、反馈速度最敏捷的新媒体新零售渠道，在触达用户的同时实现了爆款打造和网络传播。

因此，在新商业时代下，品牌方要格外重视市场调研和新消费洞察，关注消费升级的趋势方向和新的消费特征，破解传统企业不重视消费体验的诟病，重视品牌与用户的触点设计，通过升级产品服务体验形成口碑传播的粉丝效应，引导用户向自身期望的方向发展，并激发新的消费需求。

随着消费升级，刚性消费需求将越来越少，消费者将更为"挑剔"，"凭喜好""看心情""重体验"已成为消费者购买决策的重心。产品体验不再局限于产品质量（商品力），更有多元服务的升级和业态的创新迭代。因此，产品体验升级需要围绕产品包装设计、美感、质感，服务人性化，购买过程便利化，消费场景功能化等多维度展开。借助新技术的力量提高效率、优化用户体验，也将成为越来越多品牌的选择。与此同时，消费者对品牌价值观有了更高的期待。当品牌价值观积极正向、符合时代特征且让用户与之产生情绪共鸣时，用户会以消费该品牌为荣，彰显自己的消费偏好和价值标签，并产生强烈的品牌忠诚度。

未来10年，随着新消费品牌的群体崛起，新商业文明将会诞生，消费主权和顾客价值两种思想并存，感性体验、理性消费和品质服务将成为全行业全社会的共识。

从本质来看，新商业文明的基础是从业道德保障和行业法规。品牌企业的运营靠的不再是情怀而是共识。工艺匠人、科研人员和营销人员会越来越受到尊重，女性成为商业领域不可或缺的领导力量，社会责任成为企业存在的两大价值之一，创新会在知识产权保护中越来越强大，品牌价值观成为消费者选择的重要参考，打造品牌势能、超越品牌认知和形象、提升口碑成为企业商业活动的主要目的，数字技术与商业实践的融合成为常态。在这样的背景下，新商业思维也不再是追求流量和技术功利主义，而是回归用户价值和企业使命。

第二章　品牌崛起新模式：品牌势能

　　打造百年名企，是很多中外企业追求的目标和愿景。据美国《财富》杂志报道，美国62%的企业寿命不超过5年，一般的跨国公司寿命为10—12年，世界500强企业寿命为40—42年，世界1000强企业的平均寿命为30年。反观中国，自1978年改革开放以来，中国企业开始走向市场化，中国市场经济快速发展，诞生了美的、海尔、长虹、TCL、老板电器、汾酒、春兰、嘉陵摩托、娃哈哈、白云山等国内最早一批品牌企业。自1995年进行"入世"谈判以来，金龙鱼、伊利、蒙牛、农夫山泉、喜之郎、格力、宗申摩托、三株口服液、修正、脑白金、秦池、思念等品牌相继发展壮大。经过三四十年的市场竞争，中国品牌企业也面临着周期性的市场重组和变革。

品牌模式进入势能时代

纵观商业发展史与品牌战略史，过往中国企业和外资企业在进行品牌打造时相继经历了品牌认知、品牌形象和品牌口碑时代。在20世纪50年代，品牌知名度和产品特性认知是核心竞争力，品牌的打造追求品牌认知度；到20世纪60年代后，随着知名品牌越来越多、产品同质化问题日益严重，以万宝路和哈撒韦衬衫案例为代表的品牌形象塑造方法成为新的竞争方式，品牌侧重于品牌联想和品牌美誉度的打造；自20世纪80年代以后，美国进入品牌关系时代，品牌打造更注重品牌口碑与品牌满意度的建设。

而在中国近30年的市场经济运行过程中，每隔十年的品牌发展阶段都能与美国的品牌认知、品牌形象和品牌关系时代相贴合。例如20世纪90年代的"标王"秦池、做到"27层净化"的乐百氏纯净水和以"不闪的才是健康的"为诉求的创维电视，都在追求品牌知名度和产品特性；随后到21世纪00年代，以大红鹰、七匹狼男装和洋河酒业为代表的企业开始诉求"大红鹰新时代的精神""男人不止一面""男人的情怀"，宣告中国进入品牌形象时代；自小米集团联合创始人黎万强出版《参与感》一书开始，企业越来越注重用户口碑和体验感打造，中国企业迈入品牌关系时代。到2018年后，以华为、红旗、比亚迪、理想、比音勒芬、大疆为代表的中国消费品牌强势崛起，至此宣告中国进入品牌势能时代。原有的品牌打造方法无法帮助企业摆脱战略困境，其发展迎来了大变革的升级问题。而新商业时代的品牌升级，则需要从不同维度看待不同类型的品牌打造模式。

缺乏品牌势能，看似强大的品牌实则虚弱不堪

目前，品牌打造主要有四种模式：一是以美国为代表的快消品打造模式，追求知名度和认知度；二是以欧洲各国为代表的奢侈品打造模式，追求美誉度；三是以日本为代表的耐消品打造模式，追求满意度。由于中国市场足够大、足够纵深，可容纳各种模式。华为、茅台、安踏、理想、李宁、红旗等中国民族品牌的崛起，逐步衍生出了第四种品牌打造模式——品牌势能模式。

品牌势能是消费者购买前对品牌价值的认知期望和购买后的体验感知之间形成的相对高差关系，反映出企业所拥有的品牌资产在消费者心目中的品牌价值高低。品牌势能越强，品牌在消费者心目中享有的优越感和竞争力就越强，品牌对消费者的购买偏好影响就越大。

当前一些具有强认知、高端形象和好口碑的传统品牌看似强大，但在市场竞争中却处于弱势。如处于豪华车行列的沃尔沃、凯迪拉克和路虎都存在着品牌势能不足的问题。沃尔沃有着极强的安全认知，凯迪拉克号称"美国总统座驾"，路虎更是有着"豪华SUV（运动型多用途汽车）代表品牌"之称，它们都拥有高端形象，但都无一例外地陷入"打折促销、不促不销"的窘境。而处于二线豪华车阵营，但品牌势能强大的雷克萨斯则长期以来都需要加价才能购买。

在家电市场，海信电视、科龙空调、容声冰箱，同样都具有强认知、高端形象和好口碑，但它们的品牌势能却与小米电视、格力空调、卡萨帝冰箱相去甚远，近年来也纷纷曝出业绩大幅下滑的资讯。在日化用品市场，

相较于阿道夫，宝洁旗下的潘婷、海飞丝、飘柔在品牌知名度、营销投入、终端渠道等方面都具有碾压性优势，但阿道夫却能击败一众外资品牌成为洗发水销量之冠，更创下日销3.28亿元的销售记录，其制胜点就在于品牌势能。

百思特咨询王小博、李相如团队研究发现：新消费品牌普遍仅需3年左右的时间就能通过持续势能引爆实现品类占领和品牌价值塑造，而这正是缺乏品牌势能的传统品牌无法媲美的。总结这些新消费品牌的发展共性可以发现品牌势能这一全新的品牌成长模式。也正是因为这些新消费品牌抓住了全新消费环境下的市场营销规律，才能在短时间内迅速引爆并持续得到关注。

从市场规律来看，新消费品牌普遍在前6个月的黄金营销窗口期，针对目标人群建立强势品牌感知和体验，进行局部区域和核心人群引爆，初步建立品牌势能。在此基础上，它们会紧紧抓住18个月的持续引爆营销突破期，在更为广泛的目标人群中实现大面积引爆，让品牌价值在潜在客户和已有客户的感知体验中形成足够的品牌势能，从而带来大范围的口碑裂变，形成更为持久的品牌势能。与此同时，这些品牌还会通过后续36个月的引爆营销，最终实现品类市场的完全占领，让品牌势能达到高峰，成为目标用户心中不可替代的强势品牌。当下新消费品牌的群体性崛起，正是对于品牌势能模式的完美印证，品牌势能模式也体现了5G移动互联网时代的品牌势能衰减和增长规律以及品牌战略节奏。

品牌势能模式与传统品牌模式的比较

过去，欧洲、美国、日本品牌营销理论盛行。中国企业和外资品牌打造也经历了品牌认知、品牌形象、品牌口碑（感知质量）几个阶段。

品牌形象、品牌认知以及品牌口碑诞生于工业化时代。在工业化时代，品牌普遍缺乏差异化。这些理论倡导的就是寻找形象差异化，商品特性认知差异化以及产品服务感知质量差异化。这就如同在一堆黑色福特T型车中寻找其他颜色的车辆，但如今是差异化过剩时代，品牌的差异化能力大大加强，追求的是在五颜六色的汽车中如何脱颖而出。

新商业时代，原来以认知、形象、口碑为打造模式的品牌战争已不能适应现在巨变的商业环境。而品牌势能理论就是对品牌形象、品牌认知以及品牌口碑这三种传统品牌模式的升级。传统品牌理论研究品牌个性、用户和竞争对手，而品牌势能理论除了研究用户、竞争对手，还研究商业环境。其核心就是把品牌核心价值做透，把核心竞争力做强。近年来，华为、李宁、红旗、比亚迪、理想、大疆、比音勒芬等中国大品牌的强势崛起印证了势能模式的先进性以及适用性。

此外，品牌形象、品牌认知以及品牌口碑模式是为了打赢同质化消费的战争，品牌势能则是为了打赢同质化消费和差异化消费并存的战争；品牌形象和品牌认知源自广告传播理论，品牌口碑源自品牌关系理论，品牌势能源自品牌战略理论。品牌形象、品牌认知以及品牌口碑模式就像燃油车，汽车要想跑得快，全靠发动机排量动力，传统品牌要想"跑得快"，全靠广告（口碑）带，其他要素都是配称；但品牌势能就像新能源汽车，四个轮子都可以是动力来源，品牌要想"跑得快"全靠势能带，所有要素都是关键。传统品牌模式与品牌势能模式是两个不同时代的产物，它们是递进关系，也是并存关系。

具体而言，品牌势能理论体系有以下五个核心要点：

第一，品牌势能模式更看重品牌核心价值。

品牌形象、品牌认知和品牌口碑模式认为"品牌就是寻找差异化"。这个差异化要有利于建立品牌的形象个性和抢占用户心智认知，有利于确立感知质量服务优势，最终能助力品牌成为顾客的优先之选。

与之不同的是，品牌势能模式认为，品牌战略首要判断的是品牌能否给消费者提供可以感知体验的核心价值，能否超越用户购买前的认知期望水平，再去寻找差异化。在此过程中，要先确定特性化品牌认知，再建立个性化品牌形象，进而拥有人性化品牌口碑。其差异化竞争有两个前提：一是界定价值最大化，二是可感知体验化。只有满足这两个前提，差异化才具有相应的品牌价值。若用户无法感知体验或无法产生共鸣的差异化，则不具备长期价值。

第二，品牌势能重在抓住品牌战略主要矛盾。

品牌形象模式确立了"形象个性+整合传播"的品牌打造框架，品牌认知模式确立了"认知特性+聚焦传播"的模式框架，品牌口碑模式则主张"感知质量+口碑服务"的模式框架。这三大模式都明确了品牌定位是企业营销传播中的主要矛盾。但自战略管理和品牌营销理论发展数十年来，没有一个理论明确界定品牌竞争的主要矛盾，只有戴维·阿克的品牌理论做到了这一点。

戴维·阿克在品牌资产和品牌联想等里程碑式的品牌战略理论基础上，出版了《创建强势品牌》《品牌领导》以及《开创新品类：赢得品牌相关性之战》《品牌组合战略》等品牌战略升级理论相关的著作。戴维·阿克认为，品牌战略核心在于创建强势品牌，以应对竞争。"品牌形象论、品牌认知论、品牌关系论"框架具有时代局限性，所有的品牌都在追求消费者的优先选择权，最终都会陷入品牌偏好的同质化竞争，而唯有强势品牌才能赢得这种竞赛式的竞争。可以说，戴维·阿克真正意义上指出了品牌终极战略和应对竞争的主要矛盾，就是创建强势品牌。

品牌势能论进一步发展了戴维·阿克的品牌战略观，认为品牌要打赢同质化和差异化竞争的关键是创建让用户可感知体验的品牌核心价值，超越客户认知期望，构建强大的品牌势能，指出基于品牌核心价值的体验感知与用户认知期望之间高差关系形成的品牌势能，才是品牌战略核心。

品牌形象、认知和口碑模式基于工业化时代的商业环境，提出品牌商战是进攻与防御、关联对立与抢占的关系论述；品牌势能模式基于数字互联网时代，提出品牌商战除了要学会顺势、借势、造势，还要找到增量市场和存量市场应对之策的核心论点。

第三，品牌势能论更看重强势品牌效应。

品牌形象论从品牌一致性和整合营销传播出发，品牌认知论从品类创新和聚焦、营销、传播出发，品牌口碑论从感知质量和口碑服务出发。而品牌认知、形象和口碑模式只适合部分行业品牌，以及品牌发展的部分历史阶段。

品牌势能论则重新定义品牌战略，并进一步引入戴维·阿克的品牌资产理论和相关性[1]理论，通过品牌联想和品类创新原则，提出了超越品牌形象、认知、口碑的品牌打造模式、跳脱竞争并建立强大品牌效应的逻辑方法。

确立品牌认知和品牌形象以及品牌口碑相对容易，但全球没有一个品牌能够只凭借认知、形象或者口碑就拥有全局竞争优势，不断获取业绩增长的。全球500强品牌迭代的历史告诉我们，能够在长期市场竞争中立于不败之地的企业，都是能够顺势、借势、造势的强势品牌。这些品牌都能够利用品牌效应和相关性原则进行跨品类或多元化扩张，摆脱品类聚焦限制。

第四，品牌势能理论更看重品牌扩张。

企业是动态的、运动的、发展的，而品牌是需要不断扩张的。企业发展诉求发生变化，品牌战略也必然随之变化。聚焦是阶段战略，单一聚焦和品类限定对专业市场和品类领导品牌不利，导致品牌失去了跨品类延伸产品获取业绩增长的商业机会，无法应对新消费趋势和获得增量市场，容易让品牌老化，出现企业"长不大"的现象。

因此多数规模化品牌需要把阶段性的差异化转变为品牌势能，在阶段性的聚焦发展后打破限定品类模式，进行跨品类发展，实现蓄力增长和品

---

[1] 品牌相关性概念由戴维·阿克在其著作《品牌相关性：将对手排除在竞争之外》中提出，是指一个品牌所创造的新品类或子品类能被列入到顾客的考虑范围内，能被列入顾客的购买清单，且共同拥有的产品属性、用途、消费群以及其他一些特性能够被顾客综合感知，那么该品牌就具有相关性。在戴维·阿克看来，依托品牌相关性开创新品类或子品类，进入一个全新的竞争领域，先发制人，创建竞争壁垒，进而凸显竞争对手在该品类里没有品牌相关性，才是企业迈向成功的唯一途径。——作者注

牌扩张。

第五，品牌势能论更看重势能营销体系。

品牌认知论是一套能够让品牌商品特性广告抢占顾客心智的方法论。"一词抢占心智"只是广告结果，并非品牌战略。很多品牌提出"开创者、领导者、第一人、专家、畅销"等概念，甚至为了抢占品类话语权而在宣传上过分夸大、脱离实际。这些方式并不被用户认可接受，也无法创造品牌势能。

品牌形象论过度追求形象创意，对战略方向和品牌资产关键要素把握严重不足，无法在商业竞争中有效发挥品牌优势，投资回报率（ROI）侧重品牌维度而非企业业绩增长。品牌形象论强调形象重要性，将品牌成功寄托在一致性整合传播上，费用成本大大超出一般企业承受范围。

品牌认知论片面强化定位重要性，将所有品牌成功要素统一称为"配称"。品牌口碑论则强调以感知质量为基础的顾客满意度，以产品品质和服务关系为基础进行缓慢的、有圈层的口碑积累。而品牌势能论站在已有品牌理论的成果之上，提出势能落地系统模型，强调引导激发顾客的需求、调动顾客的期望和重塑顾客的价值观，丰富顾客的体验感知，进而以战略级的营销手法打透市场，以强势品牌效应大幅缩短品牌崛起、细分市场和品类占领的时间。

中国品牌依托品牌势能强势崛起

华为扛起中国品牌势能模式大旗

在众多消费品案例中，华为当属最具代表性、公信力和影响力的品牌之一。

纵观华为的品牌发展轨迹可以看到，早期的华为手机并不缺乏品牌形象、品牌认知、产品口碑和销售渠道，但其品牌势能不足导致当时销量并不理想。为此，华为从组织、产品、公关三大方面踏上品牌变革之路，提升品牌势能，突破企业发展桎梏。

在组织变革方面，华为越发重视消费者导向。早在2013年就加大终端公司的独立性和话语权，拉近与消费者之间的距离；在2014年则全面进行2C[1]转型，构建可持续发展的竞争力；在2019年更是成立消费者业务集团（business group，简称BG），最大程度促进手机业务的发展活力；2020年华为构建了客户、产品和区域的三维度协同作战组织平台，给予手机业务最大的平台支持、资源保障和组织灵敏度。

在产品层面，华为以科技创新不断提升消费者的体验感。从Mate一代超大屏商务手机的问世，到2016年携手徕卡发布P9手机冲击高端市场，再到麒麟高性能芯片的问世、鸿蒙系统的推出以及颇具艺术感的保时捷联名款发布等，华为手机正不断赢得商务精英人群的认可并在欧洲引发排队现象，以强有力的全球热销效应带动品牌势能与民族自豪感的提升。

在公关推广方面，华为于2015年花重金买下《我的梦》（*Dream It Possible*）的歌曲版权，交由歌手张靓颖翻唱，生动演绎出"相信自己、敢于挑战、追逐梦想"的品牌含义，所传递出的华为品牌精神和核心价值主张引起国内外众多网友的情感共鸣，为处于手机业务变革期的华为注入强

---

[1] To Customer，面向消费者（泛指用户）。——编者注

大的品牌势能。"孟晚舟事件"和芯片封锁事件发生后，华为相继发布了"受伤的芭蕾舞脚趾"和"二战战损飞机"的磨难海报，以此表达坚韧不拔的奋斗精神并与国人情绪和民族命运相结合，进而引爆品牌势能，成为国家品牌。

比音勒芬以品牌势能打造中国轻奢品牌

比音勒芬从高尔夫服饰这一小众市场起步，在2023年第一季度以10.79亿元的营收和高达3亿元的净利润[1]，创下了远超服装行业平均水平的惊人业绩。即便是在高尔夫行业下滑的2011—2015年里，比音勒芬依然保持着25.5%的营收复合增长率和29.1%的净利润增长率，以强有力的品牌势能成为中国市场鲜有的轻奢品牌。

早在2003年成立之初，比音勒芬就摒弃了服装行业惯用的"渠道为王+大规模广告投放"打法，以精细化产品和营销体系塑造品牌势能。它精准锁定有着良好购买能力和社会地位的高尔夫人群并在品牌标志中体现，与奢侈品品牌共用原料采购供应链，并邀请奢侈品品牌、国际高尔夫品牌设计师进行产品设计，做实"中国唯一高尔夫品牌"的体验认知，带动品牌实现小众流行的高复购率和高客单价。特别是在2013年，比音勒芬成为中国高尔夫国家队官方合作伙伴，将其品牌势能提升到全新高度。

以强大的品牌势能为核心，比音勒芬围绕高端商务男士的日常需求，衍生出生活系列、时尚系列和专业系统三大产品线，成为中国版的拉夫劳伦，并实现破圈营销。此后，其通过收购、并购的方式进入快时尚领域，

---

[1] 数据来自2023年4月比音勒芬发布的2023年第一季度报告。——作者注

以丰富的产品系列和独立门店进一步满足高端人群的消费体验，带动品牌势能持续提升。

在营销推广层面，比音勒芬反对通过广告建立品牌的方法，坚持以明星代言、形象店打造、赛事推广和主题营销等公关活动来传递品牌价值，提升品牌势能。在终端门店方面，围绕机场和高铁站建立品牌形象店并进行阵地广告投放，为品牌价值制造锚定效应。在品牌推广方面，选择时尚杂志、央视高尔夫频道等垂直媒体塑造专业度和价值感。在赛事推广方面，比音勒芬惯用品牌赛事IP打造的方式来提升品牌势能，如连续10年冠名高尔夫频道"比音勒芬"铁杆会，与郎酒·青花郎杯、中海紫神州半岛队际赛等诸多赛事进行合作借势。比音勒芬还大力发展VIP会员的主题活动，通过为顾客绘制漫画、拍摄全家福和手工定制皮革等活动方式提升会员的忠诚度和活跃度，始终拒绝以降价的方式来吸引非适宜用户。

在产品精品化、服务品质化和活动专业化的基础上，比音勒芬不断加大对"挑战自我、永无止境"的品牌精神价值建设，以《只和自己比》《创造你的奇迹》等宣传片深化消费者对品牌的价值认知和精神认同，以全方位的品牌价值塑造男装行业强大的品牌势能，助力品牌走出国门。

安踏围绕品牌价值体验构建势能，问鼎鞋服行业

2016年，安踏发布"单聚焦、多品牌、全渠道"的4.0战略，并提出从品牌至上到消费者至上的安踏之道，由此开启从百亿营收迈向千亿目标的品牌变革之路。

在品牌战略层面，安踏集团始终聚焦于体育运动装备的黄金赛道，保持安踏品牌的专业性和领先性；同时以多品牌的方式适配不同人群、不同场景、不同专业方向的消费需求，打造覆盖多场景、多品类的品牌矩阵，创造出全新品牌体验。

在产品研发层面，安踏与清华大学等国内外知名校园建立深入的创新研发合作，在美国洛杉矶、日本东京、意大利米兰等地建立研发中心，以每年超过2%的研发支出成为国内对研发投入最多的运动品牌，更以800多项专利数量在行业内遥遥领先。通过持续的科技研发投入，安踏开始高质量发展，其KT7篮球鞋、氢跑鞋、冰丝运动套装等新品成为消费者"剁手"抢购的存在，并在国潮趋势下大力提升消费者的产品体验感。

在渠道推广方面，安踏将DTC[1]整合作为渠道改革的重要方向，实现终端零售和消费需求的打通，以快速灵活的方式响应消费诉求、增强消费黏性。同时进行线下门店结构优化，大力提升对高线城市和购物中心的门店占比，升级门店形象，提升消费者购物体验。

在企业文化层面，安踏从原有的单品牌文化向多品牌文化融合，打通集团文化、企业文化和子品牌亚文化之间的文化协同问题，让消费者能感受到不同品牌文化价值观输出，带动市场规模扩张和品牌势能持续提升。

安踏于2023年8月发布的年中财报数据显示，其上半年营收达到296.5亿元，同比增长14.2%，较2019年同期增长100.2%。其营收超过"李宁+阿迪达斯中国"的总数270.2亿元，稳居中国鞋服霸主地位。

---

[1] 全称为 Direct To Consumer，是一种直接面向消费者的营销模式，强调品牌与消费者之间的直接沟通和交流。——编者注

PART TWO

02

**品牌势能制胜：
如何在竞争中实现持续增长**

第三章　品牌力与品牌势能

"核心竞争力"是1990年美国管理学家普拉哈拉德和哈默尔在《哈佛商业评论》上发表的文章中首次提出的，是指在某一组织内部经过整合的知识和技能，是企业在经营过程中形成的不易被竞争对手效仿的、能带来超额利润的独特能力。为了识别核心竞争力，普拉哈拉德和哈默尔还提出了三种检验标准：

1.核心竞争力应是企业特有的并且是竞争对手难以模仿的；

2.核心竞争力必须提供顾客所看重的价值；

3.核心竞争力能为企业提供进入潜在市场的机会。

因此，要成为企业核心竞争力的东西必须具有独特性，能为客户持续创造价值并且帮助企业不断拓宽市场边界；而品牌恰恰具有核心竞争力这些特性。定位理论开创人艾·里斯指出商业竞争的基本单元是品牌而非企业，消费者以品类思考，以品牌表达，也指出了品牌在市场竞争中的核心地位，品牌力也代表了企业的核心竞争力。

品牌力是企业核心竞争力

可口可乐前总裁道格拉斯·达夫特说过："如果可口可乐全球的工厂被一把火烧掉，只要可口可乐的品牌还在，它也能在一夜之间让所有的厂房在废墟上拔地而起。"[1]一个拥有强大品牌力的企业可以安然应对灾难级风险。

2023年8月，华为静默发布旗舰手机Mate 60 Pro，创造了另外一个品牌力奇迹。

华为Mate 60 Pro没有任何预热和提前曝光，而是直接在美国商务部长访华期间上线开售，十日不到，订单超过1500万台。小米前9号员工李明在微博上谈了自己的一些看法：一个品牌如果不做广告，不做投放，不做发布会，不做户外，就简单地、静悄悄地将产品上架自家销售平台就卖爆了，然后媒体争相传播，用户争相讨论，博主争相分析。所谓的品牌力，就是指的这个。很多人总问什么是品牌力，这就是品牌力。你或许觉得这也没什么，但换个其他品牌试试，那可能就是灾难了。如果想测试自己的品牌力如何，你可以学习下华为Mate 60 Pro的开售方式。

品牌力不仅是企业感召用户和占有市场的能力，更是企业参与市场角

---

[1] 央广网.品牌资产，是新式茶饮品牌下一个竞争赛道？[EB/OL].（2021-12-01）[2024-02-02]. http://ent.cnr.cn/canyin/jiaodian/20211201/t20211201_525675798.shtml

逐赢得未来的核心竞争力。尤其在同质化和差异化并存的时代，大量同质化商品和小众个性化商品充斥网络市场，一个有所创新的差异化商品很难给企业带去长期竞争优势。例如，小仙炖开创了鲜炖燕窝品类并成为品类领先品牌，但短短几年时间内，大量同类商品竞相涌入市场，鲜炖燕窝市场从"蓝海"变为"红海"。而具有先发优势的小仙炖通过积累的势能，在坚持产品自主创新的基础上，围绕用户进行品质和体验的升级，进军高奢商圈，让中式滋补理念占据核心主位，塑造鲜炖燕窝主流品牌认知，并通过一系列营销运作持续着力品牌力的构建，成功避开同质化商品的低价竞争，实现了品牌持续发展。

再看果酒市场，据天猫数据，仅仅是2020年，进驻天猫平台的果酒新品牌就有5000多家，大量新玩家进入赛道，也让果酒市场上出现了大量不同口味、不同工艺、不同瓶型的差异化商品，竞争异常激烈。然而，冰青、梅见和贝瑞甜心等新锐品牌异军突起，通过打造品牌力成功在果酒市场上脱颖而出。由此可见，品牌力已然成为企业核心竞争力。

品牌五力模型

图3-1　品牌五力模型

打造强势品牌力,需要从品牌认知、形象、口碑、联想、势能五个维度展开,品牌不仅仅需要通过内容种草、广告宣传等方式建立差异化的特性认知或者个性化的形象口碑,更需要丰富品牌联想和提升品牌势能。从品牌五力模型(图3-1)来看,一个品牌拥有积极、丰富的联想,更有助于消费者对品牌建立美好印象。

以元气森林为例,其在饮料市场成功的一大秘诀,就是全面建立了0糖饮料的特性认知。这让它拥有新一代碳酸饮料的健康形象,从而在市场竞争中占据了先天优势。

在包装上,元气森林没有像大多数品牌那样一味堆砌产品卖点和代言人信息,而是从品牌创立起就坚持主打日系清新风格,从而吸引了大量年轻用户。这种鲜明的品牌标识也进一步突出了品牌形象,强化了品牌认知。

在和康师傅、统一、农夫山泉、娃哈哈等传统饮料巨头品牌竞争的过程中，元气森林在品牌认知、形象、口碑建设上稳扎稳打，并且基于独特瓶型和标识设计的优势，借助比传统饮料巨头更积极健康的品牌联想形成强势的品牌效应，最终走出了中国新消费品牌自主道路。

而后，元气森林在品牌势能上持续发力，在营销端，其线下门店的品牌专柜采用简约、时尚、自然的设计风格，追求品质，与农夫山泉、可口可乐的专柜形成了明显区隔，消费者近距离就能瞬间感知体验到元气森林品牌势能。此外，元气森林和知名博主、网红达人合作，以一系列话题事件持续发酵破圈，吸引大量消费者关注和参与，与多个品牌、机构、个人等合作，共同推广品牌和联名产品。通过社交媒体和跨界合作的形式进一步实现了品牌力的全面提升。

在国内碳酸饮料市场，可口可乐、百事可乐是当之无愧的巨头，可乐口味碳酸饮料在中国深入人心、一直是畅销不衰的消费品。数据显示，包括可乐型饮品在内，中国碳酸饮料市场长期被美国可口可乐和百事可乐两大巨头把持着九成以上的份额，国内众多饮料品牌都无法对其形成市场冲击。

元气森林作为新国货品牌代表，又于2022年创新推出了可乐味苏打气泡水，这不仅是其在品类延伸方面的一大创举，更是丰富品牌联想和提升品牌势能的重要举措。尤其是在产品研发方面，元气森林可乐味苏打气泡水充分把握近年来的健康消费潮流，产品以天然代糖赤藓糖醇取代争议较大的人工代糖阿斯巴甜，用天然的柠檬酸取代目前普遍使用的柠檬酸钠，以成本昂贵的巴拉圭茶提取物取代传统可乐的人工咖啡因，并且摒弃了磷酸等化学合成添加剂。既保留了可乐的口味，又和传统意义上的可乐产品截然不同，持续强化了"0糖0脂0卡"这一健康的品牌认知和品牌联想，将健康概念与品牌深度绑定，而后通过持续的产品创新进行蓄能，经一系列的营销手段进一步放大品牌势能，为产品延伸拓展和破圈创造了更多机遇，也逐步构建起了强大的品牌力。

可见，一个强势品牌需要综合复合能力建设尤其是品牌联想和势能打造，单一追求认知或者形象和口碑并不能成就强势品牌力，而一个品牌要实现健康、良性发展，就要在知名度、认知度、美誉度、满意度、忠诚度五个维度上做提升。

品牌五度模型

图3-2　品牌五度模型

品牌五度模型（图3-2）在品牌资产评估中被广泛应用，直接体现了一个品牌的健康程度和品牌资产的有效程度。有效的品牌资产是所有品牌努力追求的结果，这是消费者和市场对品牌认知、情感和形象、口碑等的综合价值反映，要积累有效的品牌资产，就要重视品牌健康五度指标。

近年来的一系列市场案例显示，受到消费升级的影响，消费者在购买、使用和推荐品牌产品过程中，对品牌的关注点已经不再局限于品牌产品的质量、性能、价格、服务等因素（这与品牌认知度、知名度和满意度有关），还包括品牌形象、情感情绪、文化价值观、社会责任等方面的认同（这与品牌美誉度和忠诚度有关），这促使品牌进行全方面均衡发展。

而品牌在打造过程中，"偏科"现象颇为多见，大部分企业都在单一追求品牌认知度和知名度指标，而往往会忽视品牌满意度、美誉度和忠诚度指标，品牌的不均衡发展本质上是因为忽视了消费者关注的商品功能利益之外的其他利益，这会造成一系列不良后果，并给竞争对手留下更多机会。一个忽视美誉度、满意度和忠诚度的品牌最终将陷入不健康的发展境地。

从日化领域来看，行业巨头宝洁旗下的飘柔、海飞丝在洗发水赛道一直拥有很高的知名度和认知度，但其品牌美誉度、满意度和忠诚度并不高。以中国市场为例，从全球权威调查公司欧睿公布的行业数据来看，自2017年开始，高端洗发护发及相关行业市场规模保持着20%以上的速度增长。而在2022年公布的"2022年度中国顾客满意度指数"洗发水品牌榜单显示，海飞丝和飘柔均无缘前五，而这也意味着顾客对宝洁的洗发产品需求尚有很多未被满足的地方，洗发水品类尚存在着消费升级的机会，这也给大量新消费洗护品牌创造了机会。

从国内洗护行业的发展现状可以看到，洗发产品的市场份额长期由宝洁（海飞丝、潘婷、沙宣、飘柔）、联合利华（清扬、多芬、夏士莲、力士）、德国汉高（施华蔻、丝蕴）、日本资生堂等外国品牌所掌控，经过长期的市场培育，这些品牌拥有较高的知名度与认知度，也沉淀了一批稳定的用户群体。然而，近年来随着国潮兴起以及电商渠道助力，以阿道夫、墨雪为代表的一批新兴国货品牌通过产品创新升级切入市场。这些国产品牌虽然在知名度、认知度上无法和海外巨头相媲美，但它们用心提升产品品质，持续打磨品牌美誉度、满意度、忠诚度，在消费升级市场和目标用户中的品牌势能持续走高，走出了另一种差异化发展模式。

飘柔、海飞丝在国内洗发水赛道的颓势明显，越野车赛道的路虎近年来在国内市场同样表现不佳。

作为英国老牌豪华汽车品牌，路虎从品牌创立起就确立了要研发打造"技术和质量兼顾"车型的发展路线，这也成为路虎产品力的核心要素。在豪华品牌阵营中，路虎逐步成为硬派越野SUV领域的王者，拥有堪比保时捷的强大品牌势能，在全球拥有庞大的粉丝用户。

然而，路虎品牌在被三次转手后，车型品质并未表现出路虎过去应有的水平，甚至在J.D. Power调查排名中垫底。在长久的市场竞争中，路虎陷入低价竞争恶性循环，忽视了美誉度和满意度的建设，导致消费者对路虎品牌的价值产生了质疑。同时，路虎因为产品质量问题，以及售后服务与保障维修等短板被央广网等权威媒体曝光，频频登上热搜，被国内网友戏称为"修不好的捷豹路虎"。面对这些品牌负面标签，路虎并未吸取教训，在质量管控上拿出有力的改进措施，让消费者对品牌失去了信任，也失去了很多忠实消费者的青睐。

2023年5月，因存在安全隐患，路虎召回4699辆进口揽胜插混（插电式混合动力汽车）、卫士插混等车辆，其市场业绩再度受到重创。2023年上半年，捷豹和路虎两大品牌的销量总和尚不到2.3万辆，依然颓势尽显。

究其原因，是其在品牌国际化扩张的过程中严重忽视了美誉度和满意度的建设。其品牌口碑和声誉在一次次的"打折甩卖"模式和负面报道中双双受损，品牌价值受到了极大的负面影响，品牌势能持续走低。可以说，在品牌美誉度和满意度上失去了消费者口碑的路虎，未来想要保持持续增长和品牌扩张也将异常艰难。

随着市场竞争的升级，消费者的选择面越来越广，必然会以更高的要求和标准审视各个品牌。即便是长期占据市场垄断地位的品牌，一旦沉醉在曾经的辉煌岁月里，忽视了新商业环境下消费者对品牌的更高追求，光有知名度和认知度而忽视对美誉度、满意度、忠诚度的维护，必然会陷入竞争困境。因为这些品牌拥有的仅仅是大量缺乏品牌信仰的非忠诚顾客，他们和品牌之间缺乏黏性，随时准备转购其他商品。只有从品牌五度出发，创建高价值品牌，持续拉升品牌势能，才能破解企业竞争难题，实现品牌的健康持久发展。

品牌五性模型

图3-3 品牌五性模型

同质化竞争是当下很多行业赛道中企业面临的窘境。一个品牌要在竞争中取胜，就需要拥有较高的识别性和活跃性、在品牌所代表的品类中拥有较强的差异性和可信性，并且在品牌需要扩张的品类上拥有较高的相关性。

强生和宝洁的品牌之争就体现了双方在品牌五性（图3-3）方面的差异化打造模式。在很长一段时期里，宝洁一直在市场上压制强生。而如今，强生不仅在市值上高过宝洁近1000亿美金[1]，年度销售额更是远远超越宝洁公司。综合两大品牌的市场经营打法不难看出，强生超越宝洁，依赖的就是在洗护品类市场长期保持五性联动发展。

强生独特的瓶型、品牌符号以及健康洗护理念在洗护品类市场拥有很强的识别性。亲和、温馨和安全，这是强生在消费者心中差异化的品牌形象个性，相比宝洁、联合利华等对手，强生有着明显的差异性和更高的可信性。尤其是强生一直以来强调的"关爱健康，珍爱生命"的品牌理念，在母婴市场已经形成了鲜明的价值主张，在妈妈群体中建立了极高的可信性。成人使用强生洗护系列的婴儿产品自然也是很健康的，这种积极的品牌联想以及品牌的可信性让强生拥有其他品牌无法比拟的势能，也让强生洗护产品在美国得到众多成人消费者追捧。

在活跃性方面，强生积极跟用户持续互动，比如，强生发布新品之前专门举办消费品新品体验会，邀请众多媒体朋友到场体验最新产品，全面展现品牌在"爱、科技与健康护理"方面的融合。在活动现场，强生专门

---

[1] 电商报. 2023全球市值100强上市公司排行榜：苹果蝉联榜首[EB/OL].（2023-05-21）[2024-06-17]. https://cj.sina.com.cn/articles/view/1956700750/74a0e24e040012ir7

设立了6大品牌体验专区，让消费者可以近距离感受强生旗下产品为消费者带来的360度全方位关怀。

与此同时，强生在品牌推广方面也下足了功夫。通过内容种草、短视频营销以及线下体验活动等多种形式与用户保持高频互动沟通，长期让品牌保持较高的活跃性，保障了品牌势能的持续。

在强生的宣传片《呼吸之爱》中，强生就以新生儿的成长之路为主体，用温馨而感人的画面展现了父母和孩子之间的独特情感。通过细腻的情感表达和音乐的配合，强生将关爱的力量传递给观众，也用硬核数据展现了品牌文化。世界卫生组织的数据显示，每10个新生儿中就有1个无法正常呼吸，而强生在中国持续推动"新生儿复苏"医学项目，覆盖全国94%的新生儿助产机构，已经培训了25万名医护人员，挽救了超过15万个宝贵的新生命。通过宣传片，强生的品牌使命和价值观引发消费者的深度共鸣。此外，强生还联手新浪新闻举办《家味》原创IP栏目，发起"哪种味道让你瞬间想家"微博话题，发布母亲节广告宣传片。以一系列活动，强生时刻活跃在新媒体上，在用户关心的话题上与他们展开沟通，在传递正能量的同时展现品牌核心价值，生活化的语言和强有力的情感共鸣进一步获得消费者信赖，让强生关爱生命、健康温馨的品牌形象更为突出。

此外，强生品牌在洗护品类上还拥有很高的相关性，旗下洗护产品所涉及品类众多，这也是强生近些年能够不断超越宝洁的成功要素。其推出的产品除了强生婴儿沐浴露洗护系列，强生婴儿润肤霜、强生婴儿粉等产品同样拥有极高的知名度和市场占有率，强生旗下的护肤和护理类产品已经成为名副其实的"第二金牛产品"。强生利用品牌相关性在洗护相关的肌肤护理、母婴护理、个人护理三大领域逐步完成跨品类布局，不仅巩固了在消费者心中的良好品牌形象，还为强生品牌进一步扩大了业务边界，帮助企业确立了新的增长点，也带动企业进入了新的增长周期。

正是由于强生关注品牌五性的联动发展，建立起拥有其他品牌无法比拟的优势，并利用强大的品牌效应摆脱品类聚焦限制，进行跨品类的品牌扩张，为品牌提升势能，逐步成为洗护行业健康护理的代表品牌，在全球市场中获得了一席之地。

品牌势能是品牌制胜的关键竞争变量

近年来，品牌势能正在超越认知、形象、口碑，成为品牌制胜的关键竞争变量，品牌势能的打造要避免从零开始，而应学会顺势、造势、借势。

纵观各行各业，近年来能够在市场上脱颖而出的强势品牌，对市场行业和发展趋势都有着深度洞察和精准把控。它们强调品牌势能在企业经营发展中的重要性，更懂得顺势、造势和借势。

在汽车领域，雷克萨斯拥有领先的混动技术，日系进口豪华车的高端形象和优异品质，以及超高满意度的服务优势使其在燃油车时代具有强大势能，经常一车难求。但是在新能源战场，动作迟缓的雷克萨斯却面临着势能衰退、业绩下滑的巨大风险。

再看国产汽车行业，老牌汽车品牌深耕市场多年，底蕴深厚。其中，吉利、长城、长安、上汽、一汽、北汽等国产自主品牌都拥有强大制造业基础、领先的新能源车型技术以及完善的供应链支撑。从品牌五力模型来分析，这些国产自主品牌在认知、形象和口碑上都不输给以比亚迪、广汽埃安、理想、蔚来、零跑、小鹏为代表的新能源汽车品牌，然而后者却拥有更强大的势能。

相较于老牌汽车品牌，新能源汽车品牌更加积极地主动拥抱新能源时代，并且定义了汽车设计和客户关系以及品牌创建的全新模式。它们集体放弃了耗资巨大的传统广告创建品牌的模式，开始转向创始人代言品牌。同时在产品功能以及用户体验设计上，它们拥有远超燃油车的驾驶体验以及智能化的人车交互体验等，并且更懂利用新媒体进行品牌自来水式的营销，通过全网专业车评人和汽车达人自发地进行新品牌评测导购来吸引主流汽车网媒和车主们的关注。综合种种，不难看出，这些新势力品牌在新能源汽车替代燃油车这一大势上释放出了更强的品牌势能。

在新能源汽车行业，比亚迪就是顺势品牌的代表。

作为新能源汽车领军品牌，比亚迪2022年营收为4240.61亿元，增长高达96.2%，归母净利润同比增长更是高达445.86%。2023年1—6月，比亚迪共销售新能源汽车125.56万辆，占上半年全国新能源汽车销售总量的1/3！比亚迪半年销量就达到2022年全年销量的2/3，进一步坐实了中国乃至全球新能源车销冠位置。[1]

可以说，由二次电池业务起家的比亚迪能一步一步冲向新能源车市"顶峰"，借助的就是其在新能源汽车赛道的顺势而为。

---

[1] 比亚迪股份有限公司. 2022年年报[R/OL]（2023-03-28）[2024-02-02]. https://www.bydglobal.com/sitesresources/common/tools/generic/web/viewer.html?file=%2Fsites%2FSatellite%2FBYD%20PDF%20Viewer%3Fblobcol%3Durldata%26blobheader%3Dapplication%252Fpdf%26blobkey%3Did%26blobtable%3DMungoBlobs%26blobwhere%3D1638928414000%26ssbinary%3Dtrue

特别是在2022年这个新能源战略机遇窗口，比亚迪重磅官宣：自2022年3月起停止燃油汽车的整车生产，成为全球首家宣布停止燃油车生产的传统车企。关闭燃油车生产线，全面停产传统燃油车，比亚迪将所有资源全部聚焦到新能源汽车板块。短短两年，比亚迪汽车销量从40余万台飙升到180余万台，成为顺势的最大受益者。

当然，随着新能源汽车成为市场主流，进入赛道的玩家越来越多，比亚迪更是将"顺势而为"做到了极致。

在通过技术创新创造用户价值的过程中，从DM-i超级混动、DM-p王者混动、纯电e平台3.0、CTB电池车身一体化，再到四轮分布式驱动"易四方""云辇"技术平台以及即将亮相的DMO[1]，比亚迪牢牢把握新能源汽车的核心技术，进而对电池、电机、电控及车规级芯片等新能源车全产业链核心技术实现完美布局，也真正实现了新能源技术领先的品牌价值创建。

而在产品端，比亚迪更是顺势发力高端市场和海外市场。

一方面，2022年3月，英国威廉王子夫妇代表英国女王访问巴哈马，巴哈马官方接待英国王室的用车正是比亚迪唐EV，随行的还有比亚迪汉EV，"比亚迪成英王室接待用车"持续引爆热搜；与此同时，包括宋EV、唐EV和e5等车型在内，比亚迪凭借着自主研发的技术和先进的制造工艺，迅速打开欧洲市场，针对北欧等高端市场推出的高价款新能源车型一路畅销。

---

[1] DMO，即Dual Mode Off-Road，是比亚迪全新推出以电为主的专业级越野平台——超级混动越野平台。——编者注

另一方面，汽车是一个高度全球化的产业，汽车大国市场的繁荣离不开内外资共同建设。比亚迪在顺势发展的过程中，也通过一系列产业合作实现了品牌形象的完美逆袭。其中，比亚迪携手奔驰推出高端合资品牌腾势，以比亚迪主导品牌，从首款MPV（multi-Purpose Vehicles，多用途汽车）腾势D9开始，腾势一路高歌猛进。根据腾势披露的最新产销数据，截至2023年7月，腾势已经连续5个月销量破万，年累计交付量已达到6.8万辆。此外，比亚迪还进一步与丰田合作，让品牌势能持续引爆，品牌过去的低端形象和认知也得到了极大扭转。

比亚迪以"顺势"打法抓住了新能源汽车市场的发展机遇和国货崛起的消费趋势。凭借优秀的产品策略和领先的新能源技术，比亚迪得以满足用户更多超出产品功能层面的附加利益需求，让品牌价值在用户体验感知和认知期望之间保持巨大的势能差，从而在竞争激烈的新能源汽车市场竞争中取得领导地位。

如果说比亚迪抢抓新能源汽车产业发展机遇属于顺势的经典案例，那么在白酒行业头部名酒品牌的文化推广就是造势的典型案例。近几年来白酒行业虽然整体销售规模下行，但是市场向名酒集中的趋势明显，为了实现强势品牌效应助推业绩增长，几大名酒高端品牌都开启了逆势扩张，"高端白酒品牌集体文化造势"正在成为行业发展的主旋律。

从茅台的"美学文化"、洋河的"梦想文化"、郎酒的"庄园文化"，到五粮液的"和美文化"、习酒的"君品文化"、汾酒的"酒魂文化"等，可见国内白酒行业享誉盛名的一线白酒企业和品牌，不约而同地在"文化"上做起了文章，甚至将文化造势作为品牌核心发展动力，并持续通过文化输出打造品牌势能。从白酒行业的竞争格局不难看出，在酒水行业产能过剩、整体销量下滑的当下，中小品牌的生存空间不断受到挤压，高端白酒市场更加趋于品牌集中化，品牌势能已经成为白酒行业关键的竞争变量。

中国白酒市场细分赛道众多，对应的客群也十分庞杂。消费者会根据品牌特点、价格、与消费者形象的契合程度等进行消费选择。而对于聚焦高端市场的一线白酒品牌而言，既要保证品质和价格符合高端人群的需求，更要找到新的品牌价值呈现方式，依靠文化赋能实现品牌扩张。

尼尔森数据显示：2017年中国高端白酒销售增速为37.3%，远高于整体白酒8.5%的增速[1]，一线高端白酒品牌以中高端市场为发力点，必然要抓住核心消费群体对于白酒文化的情感需求和价值观共鸣。

以首批入选《国家级非物质文化遗产名录》的国有大型骨干酿酒企业泸州老窖为例，以"文心入酒心"的品牌战略近年来风生水起。从弘扬传统文化到打造有影响力文化IP，从共创音乐诗剧到体育大型赛事，泸州老窖不仅通过多种文化跨界活动带给消费者全新的品牌价值体验，丰富品牌与消费者互动沟通的内容，更是通过一系列文化营销赋能战略成功造势，为品牌增添新的发展活力。

从文化底蕴来说，泸州拥有得天独厚的山、水、土壤和空气，以浓香底蕴成就了其"拔塞千家醉，开瓶十里香"的名酒风华。拥有"中国酒城"和千古名酒的文化背书，在传统文化领域，泸州老窖近年来开始积极

---

[1] 尼尔森市场研究.解析新高端白酒消费者，玩转大数据，了解新传播[EB/OL].（2017-11-10）[2024-02-02]. https://www.sohu.com/a/203468247_501997.

探索品牌文化创新表达。从首创国窖1573封藏大典，再到举办国际诗酒文化大会，一系列有影响力的活动成为泸州老窖独有的文化IP。不仅如此，在艺术领域，泸州老窖还与中国歌舞剧院跨界携手，联合出品音乐诗剧《大河》。以艺术的力量展现中华历史之美、山河之美、文化之美，泸州老窖在持续破圈向好的过程中，不仅通过文化造势让品牌更有活跃性和差异性，也进一步强化了中国浓香白酒品类价值和历史传承魅力。数据显示，泸州老窖在2022年实现营业收入251.24亿元，同比增长21.71%；实现净利润103.65亿元，同比增长30.29%。[1]近两年也是保持稳健增长。这份高分成绩单的背后，正是泸州老窖基于对消费市场多维度的研究和品牌资产的挖掘，通过品牌文化创新传达出了品牌内涵和核心价值。这也使得泸州老窖的品牌势能一路持续走高。

可以说，包括泸州老窖在内，各大高端白酒品牌集体文化造势，就是将文化融入产业链、创新链、价值链之中，以一系列文化层面融合创新的造势打法提升产品的溢价能力和品牌的价值感。同时，产品极具品位，倍受高端消费者青睐，得到了资本和市场认可。通过文化营销创建强势品牌效应的高端白酒品牌，自然让众多中小品牌难以望其项背。

除了文化造势，在服装消费市场，比音勒芬、始祖鸟、斐乐（FILA）、加拿大鹅、露露乐蒙（Lululemon）等服装品牌则围绕核心用户群打造品牌势能，用一系列"借势"打法，让价格和销量持续走高，在服装行业一片低迷的形势下走出了不一样的精彩。

---

[1] 中国证券报.泸州老窖：2022年净利首次突破100亿元 位列行业第三[EB/OL].（2023-05-05）[2024-02-02]. http://www.xinhuanet.com/food/20230505/c51b208258bd42f7868fcdcca7acbaf8/c.html

以1989年在加拿大成立的始祖鸟为例，企业从创立起就定位做专业户外品牌，而它从小众市场起步到红遍全球，离不开对核心用户群的精准把握。

在2020秋冬男装闭幕式上，潮牌Off-white设计师身穿蓝色始祖鸟Alpha SV冲锋衣的画面成为经典，引发了始祖鸟抢购热潮；一位美国摄影师湿身着始祖鸟冲锋衣淋浴的画面在TikTok播放量过亿，引起了火爆的模仿潮；时尚杂志《GQ》将始祖鸟定义为"中年男人三件宝"之一，更是让始祖鸟成了"社交货币"，受到无数中产阶级男性的青睐。可以说，始祖鸟就是一步步把"高价"和品牌"价值"画上等号，确立了品牌在高端市场的独家地位。

与此同时，在品牌打造上，始祖鸟坚持在顶级商圈开大店，和爱马仕做邻居；收回所有outlet渠道，统一配置门店形象和展示，从体验、服务、产品等全方位升级打磨旗舰店。始祖鸟在中国区按照奢侈品的运营模式持续运作，带动品牌从原有的户外探险小众人群进入广大中产及以上阶层喜欢的户外休闲市场，从早期借势户外探险专业人群成为有口皆碑的户外专业服饰品牌，到借势拥有更高关注度的设计师、达人等人群，再到借势爱马仕、茅台等高势能品牌最终蜕变成户外休闲奢侈品牌。

从户外专业小众人群到户外休闲市场爆火，这本身就是一个扩大消费客群和品牌破圈的过程，始祖鸟在品牌全面升级的同时在产品上不断追求极致完美，人均消费4000元的始祖鸟，用一件看似普通且平平无奇的冲锋衣疯狂收割着中年人的钱包。其品牌爆红热销之路充分表明，若要让品牌打破增长瓶颈，就不能局限于某一小众群体，而要围绕核心用户群体进行不断地破圈扩张，更要学会借势并且善于借势。

同样在服装市场，1998年创立于温哥华的Lululemon则通过聚焦瑜伽运动爱好者这一细分人群快速切入运动服装消费市场。从品牌创立到市值400亿美元，Lululemon仅用了20多年时间，并仅凭一条瑜伽裤引爆了运动服装市场，一跃成为时尚界新宠儿。

Lululemon借力瑜伽老师和达人的品牌势能打法堪称经典。

Lululemon锁定高消费能力、受教育程度高、年龄在24岁至34岁之间，喜欢瑜伽运动且对健康生活有追求的女性为核心消费群体。在品牌创立后，Lululemon一直围绕瑜伽人群开展推广，先后签约专业瑜伽老师和运动达人成为品牌宣传大使，而这一高势能人群（指前文所指的专业瑜伽老师和运动达人等）的选择成为Lululemon品牌成长历程中借势的关键因素。

在疫情之前，Lululemon就积极布局全球主流社交媒体。当疫情来临，使得人们的线下活动受限之后，先前用心经营的社交媒体作用逐步凸显，"品牌出圈+瑜伽生活"固粉的完整营销模式也成功推进到线上。疫情期间，Lululemon在社交平台发布的各种瑜伽教程、挑战信息等内容精准切中居家女性群体的瑜伽健身需求，同时利用"红人营销"，借助瑜伽老师、健身教练、运动达人等KOL（Key Opinion Leader，即关键意见领袖）和KOC（Key Opinion Consumer，即关键意见消费者）的专业影响力，让品牌更快更精准地触达热爱瑜伽又爱美的消费者。

和Lululemon相比，拥有百年历史的昔日全球四大运动鞋品牌之一FILA，同样是通过借势走出困境，重获新生。

21世纪初，FILA受经济环境和战略失误影响一度陷入低谷。尤其是在中国市场，2008年FILA在中国的门店仅剩50家。随着安踏集团正式收购FILA品牌在中国的商标运营权（下面简称FILA中国），重新定位了FILA在中国的高端运动时尚的品牌路线，而布局体育赛事成为FILA中国借势崛起的关键。

早在2021年第四届上海进博会期间，首登进博会的FILA中国就以打造滑雪体验区为契机，推出"FILA&VIST"系列专业滑雪服，打响进博会营销第一枪。乘着冬季奥林匹克运动会（简称冬奥会）带来的冰雪运动热潮，FILA中国通过赞助"FILA KIDS全国青少年高山滑雪公开赛"，将比赛实况通过多个直播平台推送传播。与此同时，FILA中国连续8年赞助中国自由式滑雪空中技巧国家队，和中国冬奥运动实现了深度融合。在2022年冬奥会期间，配合运动员夺金、破纪录等事件，FILA中国联合多位KOL激发内容共创力的方式产出大量优质UGC（User Generated Content，即用户生成内容），对品牌产品展开更加具象化的表达，从而建立起消费者对品牌价值内涵更清晰的认知。而在整个赛事中，FILA中国赞助的代表队及运动员累计摘得超50枚奖牌，这充分展现了产品的优异品质，成功让品牌成为冬奥会赛事大赢家，FILA中国也因此借势回归市场主流，成为顶级运动品牌之一，其品牌势能持续走高。

一系列案例表明，无论是传统品牌还是新消费品牌，清晰的品牌思路和营销打法至关重要。不管是围绕高势能人群还是体育赛事，都需要将品牌势能作为品牌制胜的关键竞争变量，通过顺势、造势、借势等一系列营销打法，顺势而为、乘势而上、借势而起，找到符合品牌特有的发展之路。

第四章 品牌势能的源头

戴维·阿克作为世界级品牌管理大师，在其代表作《创建强势品牌》一书中指出品牌战略制定者最常走进的一个误区：过分聚焦品牌的功能属性。《创建强势品牌》则通过引入品牌作为产品、个人、组织、符号的视角，将情感利益和自我表达利益纳入整体思考，从而突破了这个框架的限制。而创建强势品牌就要从品牌资产出发，为每个品牌创造一种识别，如果需要，针对不同的细分市场和产品调整品牌识别。

挖掘品牌资产，发现势能源头

戴维·阿克在20世纪80年代出版的著作《管理品牌资产》中提出：品牌资产就是消费者关于品牌的知识，它是有关品牌的所有营销活动给消费者造成的心理事实；品牌资产是与品牌颜色、品牌名称和标志相联系，能够增加或减少企业所销售产品或服务价值的一系列资产与负债。

图4-1 品牌资产五星模型

品牌资产包含五个方面的内容：品牌知名度、品牌认知度、品牌忠诚度、品牌联想、其他专属资产（商标专利、质量口碑、渠道资源、客户关系等）我们称为品牌资产五星模型（图4-1）。其中，品牌忠诚度属于结果性的品牌资产，是伴随品牌知名度、认知度、感知质量[1]、品牌联想这几大品牌资产创建后的产物。

由此可见，品牌资产具有四个特点。

首先，品牌资产是无形的，品牌资产因市场而变化；

其次，品牌资产是以品牌名字为核心，品牌资产有正资产，也有负资产；

再次，品牌资产会影响消费者的行为包括购买行为，以及对营销活动的反应，品牌资产的维持或提升，需要营销宣传或营销活动的支持；

---

[1] 感知质量是指顾客了解某一产品或服务的具体用途后，心里对该产品/服务相对于其他同类产品/服务的质量或优势的整体感受。感知质量是顾客对产品质量的主观感受，并不是真实质量，也不是指产品质量、生产质量。——戴维·阿克《品牌资产管理》

最后，品牌资产依附于消费者，而非依附于产品，品牌资产会因消费者的品牌经验而变化。

因此，企业和品牌方在品牌经营建设的过程中，要认识到品牌资产的重要性，明确品牌资产的价值内涵，从中发现势能源头，以便对目标用户和消费者产生正向影响。

福田汽车集团旗下皮卡品牌更名案例充分说明了从品牌资产中发现势能源头的重要性。福田汽车在皮卡这个汽车细分赛道经营多年，整合全球优质供应链资源，投入了几十亿元资金建立全新的智能制造工厂，对未来皮卡市场信心满满。事实上，皮卡的核心市场在北美。在美国民众心目中，皮卡已是最具情怀、最具格局的车型，也是美式文化符号。随着美式皮卡文化在全球扩散蔓延，福田汽车开始以"拓陆者"品牌进行皮卡市场运作，以"美式皮卡文化弘扬者"的姿态耕耘中国市场。拓陆者皮卡品牌自问世以来，便投入了数亿资金进行市场宣传推广。尤其是在与皮卡产品品类紧密相关的汽车赛事方面，拓陆者相继在2012年环塔拉力赛、2013年中国越野拉力赛、2014中国环塔拉力赛中包揽桂冠，频频亮相达喀尔拉力赛，在众多汽车赛事中高调展示品牌形象。但现实很残酷，拓陆者品牌皮卡却长期处于行业竞争的边缘地带，销量位于行业尾部，并未在市场中赢得品牌优势。

拓陆者品牌在市场运作了十余年，但一直以来，福田汽车企业内部并未对品牌资产核心部分（即品牌名称以及符号所代表的品牌识别）产生过质疑，更是对"品牌资产"所发挥的作用缺乏足够重视和认知。企业调研显示，福田汽车的综合知名度在行业中排名第四，与前三名主要竞争品牌整体差距不大，依然属于一线品牌。然而，拓陆者皮卡用户虽然对于福田品牌认知度较高，但大量用户不知道或者记不住拓陆者这个品牌，更有很多用户对于拓陆者皮卡称呼为福田皮卡。拓陆者皮卡用户普遍认为：福田品牌形象就是"皮卡很专业，质量有保障"。这就导致一个现象，福田汽车在皮卡品类领域的知名度要远远高于拓陆者这个子品牌，这就让拓陆者根本无法代言福田汽车在皮卡品类的价值，也无法成为福田皮卡品牌识别的代表。经过分析可以发现：拓陆者品牌知名度较低，品牌认知基础薄弱，无法引起更多用户的深度共鸣，大大影响了品牌地位。由于皮卡用户对福田的品牌认知高于子品牌拓陆者，这也就导致提及皮卡，消费者更为认同福田皮卡这个品牌，反而大大弱化了经营了十余年的拓陆者品牌资产。

名字是一项关键的品牌资产。全球皮卡市场有着"双王"美誉的美国福特和日本丰田，其品牌名称中正好拥有"福田"两字。福田作为皮卡业务的品牌名非常有利于福田中高端皮卡品牌联想，有益于其在皮卡市场向上发展，而拓陆者更适合作为一个皮卡产品系列名称。

此外，除了品牌名字之外，标志（logo）符号也是品牌资产组成部分，是创建强势品牌所需的品牌识别关键要素。然而，福田汽车旗下公交车、农用车、部分低端轻卡和拓陆者皮卡都采用了"钻石标"，这对品牌向上的福田皮卡汽车带来了严重的认知损耗和负面的品牌联想，福田皮卡汽车的钻石标logo在品牌资产中也就无法发挥积极作用。

从皮卡行业的整体发展趋势和市场竞争格局来看，目前全球皮卡五强美国福特FORD、通用GMC、丰田TOYOTA、五十铃ISUZU、道奇公羊RAM的品牌识别，都是以字母标为核心。这并不是一个巧合，皮卡的硬派肌肉风格在车型前脸位置需要同样风格的logo作为搭配，皮卡车型前脸的字母标成为皮卡品牌的标志性视觉特征。logo符号是消费者认识一个品牌的起点，也是品牌的主要视觉特征之一。一个优秀的logo符号必然要对消费者有足够的吸引力，它不仅要能准确传达出品牌的特点，更要在消费者的心中留下深刻的品牌记忆。

因此，福田皮卡汽车需要找到品牌识别共性，向强势品牌吸收势能。福田皮卡字母标是品牌象征性视觉设计代表，具有"一眼就爱上"的高端皮卡的味道。和低端产品不同，消费者选择高端皮卡，往往就是要求"对味"。此后，福田皮卡在车型上冠以大大的红色FOTON字母标，并对旗下经销渠道进行了大规模的品牌形象升级活动。经过一系列优化和调整，福田皮卡的品牌识别效率得到大大改善，品牌形象也与主流高端皮卡品牌保持一致，大幅提升了品牌势能，销量也从行业尾端进入行业前6，开始了品牌强势扩张的历程。

根据中国汽车流通协会汽车市场研究分会（乘用车市场信息联席会，简称乘联会）数据显示，在2023年7月皮卡销量前10名厂商中，北汽福田皮卡的销量同比上涨幅度最高，走势较强。在销量规模上，北汽福田的表现在同品类中已经出类拔萃，而从品牌发展纵向来看，和2022年同期相比，北汽福田旗下皮卡的销量上涨了70%。[1]

从产业布局来看，目前在皮卡赛道，福田皮卡依托福田汽车集团覆盖德国、日本等国家3大研发中心＋3大技术中心的全球研发体系，持续整合

---

[1] 乘用车市场信息联席会.【皮卡市场】2023年7月皮卡市场分析[EB/OL].（2023-08-22）[2024-02-02]. http://www.cpcaauto.com/newslist.php?types=csjd&id=3209

全球研发资源，为福田皮卡提供源源不断的新动力，保证了福田皮卡的产品符合高端化、乘用化、智能化的潮流。在此基础上，福田皮卡还进一步链接康明斯、博世、博格华纳等国际品牌供应商，为皮卡提供全球化的高品质零部件供给。可以说，在产业"硬件基础"方面，福田皮卡已经打好了基础，实现品牌资产"软件基础"的持续优化提升，将是福田皮卡品牌战略升级的重头戏。

在挖掘福田皮卡品牌资产，优化其品牌识别要素的过程，其实也是发现福田皮卡势能源头的过程。因为一个汽车品牌拥有先进的车型技术开发实力，以及良好的感知质量和用户口碑，这是在市场竞争中脱颖而出的先决条件。然而，品牌资产中长期存在负资产将影响品牌势能的有效发挥，这就需要决策层冷静思考回归品牌经营本质：品牌资产能否有效提高品牌识别效率以利于创建强势品牌形象？能否帮助企业构建品牌势能和竞争优势？能否通过品牌赋能营销实现业绩增长？

一个强势品牌必然要有鲜明的品牌识别要素。在拥有科学完整的规划品牌识别体系后，品牌核心价值就能有效落地，并通过与日常的营销传播活动有效对接，促使企业的营销传播活动更有效率。品牌要赋能企业业绩增长，跟知名度和认知度以及感知质量等品牌资产有关，跟品牌势能、形象、认知、联想、口碑五力有关。如果已有的品牌识别无法帮助企业创建一个积极的品牌形象，就无法形成强势品牌效应。没有势能的品牌，只能忙于低价促销，被动响应对手营销策略。一旦面对强势对手，没有势能的弱势品牌只能陷入跟随模仿的窘境。面对这种局面，就需要像戴维·阿克指出的那样：如果需要，针对不同的细分市场和产品调整品牌识别。

构建品牌核心价值，让品牌势能可感知

品牌的核心价值既可以是功能型利益，也可以是情感型利益、自我表现型利益以及社会型利益等附加利益。品牌核心价值可以让消费者明确、清晰地识别并记住品牌的功能利益点与附加利益点。它是品牌资产要素和品牌势能构建的重要部分，是驱动消费者认同、喜欢甚至崇拜一个品牌的主要力量。品牌核心价值构建是每个品牌所有营销传播活动的原点。企业的一切营销活动是对品牌核心价值的呈现与演绎，营销活动也会不断丰富强化品牌核心价值。

而构建品牌核心价值，就得从引起目标消费群最大共鸣的利益点出发，以与竞争者形成鲜明的差异为原则。一个具有良好品牌资产和强大势能的品牌，往往具有让消费者十分心动的情感型利益与自我表现型利益或者社会型利益。而当品牌成为消费者表达个人价值观、财富地位、身份阶层与审美情趣、风格品味的一种载体或者象征的时候，它就拥有了超越商品功能利益的独特附加利益。很多品牌的核心价值就是这四种利益的集合统一。

品牌核心价值需要营销传播，更需要被体验感知。如果只是品牌方单向的自嗨广告和内容种草，没有围绕消费者体验感知构建起完整的核心价值传递链路，最终品牌核心价值会因为体验感知的缺失而造成品牌势能不足，进而影响品牌的市场表现。白酒行业的知名品牌青花郎过去几年的发展历程很好地印证了这一观点。

在2017年举行的青花郎新战略发布会上，郎酒集团正式宣布青花郎的

新定位：中国两大酱香白酒之一。从品牌及产业相关要素来看，郎酒与"老大哥"茅台的确在产地、原料、工艺、历史渊源等诸多方面有着相似之处。在酱香白酒领域，郎酒也有足够的产业影响力与知名度。比如，中国最好的酱酒只能在赤水河谷300—500米海拔范围生产出来，这是行业与消费市场的公认观点。茅台和郎酒凭借独特的地理环境优势，拥有了这个不可复制的品牌优势。与此同时，在1984年中国名酒评选大会上，进入榜单的酱酒品牌也只有茅台和郎酒。这一系列因素让郎酒集团在推出青花郎全新品牌广告后，有意地将品牌与茅台"绑定"在一起。

郎酒集团高调打出"中国两大酱香白酒之一"这个定位广告，一方面强调青花郎具备和茅台媲美的品质，同时也指出青花郎在酱酒行业的地位。为了强化这个品牌定位，青花郎广告随后开启了多平台的高频率亮相，包括：以国家品牌计划的品牌身份亮相央视阅兵直播，贴片电影《建军大业》，特约冠名央视黄金档并接档建军题材大剧《热血军旗》，独家冠名央视中华传统文化节目《中国戏曲大会》等。此外，郎酒宣布携手分众传媒在未来5年投入10亿元，助力青花郎品牌引爆。

从品牌营销角度来说，青花郎的定位广告巧妙地关联了酱香领导品牌茅台，借势营销短时间内大幅提升了青花郎的品牌认知度，青花郎独特的青花瓶形设计以及过硬的工艺品质在高端白酒市场形成了独特的品牌识别。此后，青花郎大规模的广告投放和影视剧冠名也让青花郎在市场声名鹊起，品牌知名度和认知度大大超越其他酱香白酒品牌。但是长期借势而忽视了除商品功能利益之外的其他品牌核心价值塑造，这也为青花郎后来的势能走低埋下了伏笔。

以青花郎来说，它固然是酱香白酒这个品类中的一员，但也有着不同于茅台的差异化品牌核心价值。自第一代青花郎产品面世，以"端午制曲、重阳下沙"为节令周期，青花郎就恪守传统大曲坤沙"12987"工艺，严循"生、长、养、藏"品质酿贮法则，历经1年生产周期，以极致品质和高雅精致的形象收获众多消费者喜爱。经过数十年的发展积淀，2018年第四代青花郎问世，主体基酒贮存7年以上，再加洞藏20年以上陈年酒及不同风格调味酒。这些精心打磨的产品也让四代青花郎有了和茅台酒本质的差异。

"醇厚净爽、幽雅细腻"，这是属于青花郎的独家品牌特色，也是品牌核心价值之一。可以说，四代青花郎代表了郎酒集团庄园酱酒最高品质工艺标准，是郎酒集团高端酱香白酒品质建设多年积累的一颗明珠。虽然青花郎拥有"两大酱香白酒之一"的品牌认知和高端品牌形象，培育了一批忠实客户群体，但是其品牌核心价值更多还是体现在商品的功能利益上，缺少品牌附加利益。此外，大规模关联茅台的借势广告也引起了业内争议。青花郎的品牌美誉度遭遇了极大挑战，品牌势能也每况愈下。而这一切问题的源头就在于青花郎并未构建起清晰有效的品牌核心价值。

反观五粮液、茅台、国窖1573、汾酒、洋河等拥有丰富品牌资产的名酒品牌，都实现了品牌势能的持续走强。这些品牌除了给消费者提供一流品质的商品之外，还通过文化输出给消费者提供更多附加利益，让品牌的核心价值更容易被消费者接受认同。比如，洋河的"中国蓝""梦之蓝"系列，就是借助"中国梦"构建的自我实现型价值利益，因"梦"而生，因"梦"而名，与"梦"同行。洋河集团近年来更是将"梦想文化"作为企业文化的灵魂和符号,通过"五梦联动",对内创造最具韧性的组织、坚守向阳的基因、恪守向上的信条、固守向美的精神,对外创造最有温度的形象,积极融入酒都工程、国家航天计划以及社会主义主流价值观建设。通过文化造势,洋河实现了品牌与消费者的深度共鸣。而青花郎的定位广告,既没有体现商品差异化的功能型价值利益,也没有给消费者创造可以共鸣的情感型价值利益,更没有构建出消费者自我实现型价值利益。品牌的核心价值多年来根基不稳,这也是青花郎品牌势能持续衰落,销量长期徘徊不前的根本原因。

对于高端消费品来说,品牌除了商品功能利益之外,还需要给市场、给消费者提供更多的品牌附加利益,以强化品牌核心价值,创建可体验感知的品牌势能。相较而言,茅台"国酒"身份牢不可破,其带给消费者的尊贵身份体验、美学价值和文化内涵,构建起了情感型和自我实现型价值利益。而茅台所具备的品牌核心价值恰恰是青花郎欠缺的。

青花郎的势能走低,让郎酒集团意识到系统构建品牌核心价值的重要性,而后开始了一系列大刀阔斧的改革创新。自2019年开始,针对用户端,郎酒集团以郎酒庄园为基础,展开以"品质为核心、以体验为主"的品质工程建设和消费者培育运动。打出"在郎酒庄园见证品质、在郎酒庄园感受品牌、在郎酒庄园升华品味"的旗号后,郎酒集团将郎酒庄园作为品质引领、品牌驱动、价值体验的核心平台和引擎,通过带会员"回家"、举办名人讲坛等高质量线下活动提升用户体验感知。

在2021年,青花郎发布战略新定位"赤水河左岸 庄园酱酒",开始重新回归品牌核心价值构建,既为消费者提供了差异化的庄园酱酒新选择,又突出了郎酒的世界级白酒庄园文化，给高端酱酒客户提供了非同一般的尊贵体验。郎酒庄园占地10平方公里，一进入庄园接待大厅，身着汉服的接待礼仪在一片悦耳的鼓声中翩翩起舞。入住之后贵宾们会被邀请参加一场颇具特色的青花盛宴品鉴青花郎，第二天开始可以全程参与体验私人定制收藏中心、品酒中心、酱酒生产车间等。这种集生产体验、品鉴体验、文化体验于一体的庄园模式深深震撼了每一位到场的用户，让消费者产生了价值认同。庄园内布局五大生态酿酒区，包括天宝洞、地宝洞、仁和洞在内的全球规模最大的天然藏酒洞群，并且打造出业内首个沉浸式山谷光影秀，拥有金樽堡、十里香广场、千忆回香谷、天宝峰等特色景点。郎酒庄园为青花郎这一高端酱酒品牌提供了差异化价值，已经成为白酒行业很难超越的文化地标，也为世界酒业提供了中国式庄园样本。可以说庄园文化和价值体验为青花郎势能崛起再次插上了腾飞的翅膀。

青花郎推出的青花盛宴和庄园探秘之旅、庄园会员节、高尔夫球赛等一系列价值体验为主的品牌IP活动，这些活动充分满足了消费者对高品质、高价值生活方式的美好精神需求，达到了强化品牌核心价值的效果。青花郎以品牌核心价值构建为出发点的一系列营销传播活动，让青花郎品牌势能可体验感知，郎酒从此开启新的发展纪元。

在品牌核心价值建设重回正轨之后，郎酒集团的品牌建设和产业布局也更为精准有力。2022年，郎酒五大生态酿造区已全面建成并投入使用，将实现6万吨优质酱酒产能并已全部投产。与此同时，郎酒集团也明确表示，将以时间和规模赋予郎酒品质，让每一瓶酱酒都达到同一价位产品的藏品级别。

按照郎酒集团董事长汪俊林的介绍，企业将打造郎酒兼香成为第二增长极，郎酒兼香战略也将成为未来发力点。此外，在用户端，郎酒也将坚定"唯客是尊，成就客户"的价值创造战略。种种迹象表明，在品牌核心价值建设上走过弯路的郎酒，终于找到了与市场同频共振的正确发展道路，郎酒的品牌战略转变，也进一步论证了一个硬核道理：高端品牌取胜市场的关键，就是持续构建和夯实品牌核心价值，让品牌势能可感知。

利用品牌相关性开创新品类，构建品牌势能

品牌相关性是由戴维·阿克在《品牌相关性：将对手排除在竞争之外》一书中提出的品牌战略理论。可以说，品牌相关性战略是对品牌战略体系的升级，其核心理念就是要开创一个全新的竞争领域。在这个领域中，原有竞争对手们处于绝对劣势，同时要避开那些让自己优势渐失的战场。

品牌相关性理论强调的是要开发出足够创新的产品。通过创造新品类或子品类，进入一个尽可能长的时间里没有或很少有竞争对手的市场，弱化原有品类中竞争品牌的优势，使品牌变成新品类的代名词，进而在这个新品类或子品类市场里成为顾客优先考虑购买的品牌。如果一个品牌所创造的新品类或子品类能被列入顾客考虑范围，并且能被列入顾客的实际购买清单，那么该品牌就具有了相关性。反之，品牌失去了相关性，即使再多的差异化、积极的态度以及顾客与品牌之间的情感关联都无济于事。

因此，品牌相关性的定义，它必须满足以下两个条件：

第一，顾客选定所属品类或子品类。新品类或子品类共同拥有的产品属性、用途、消费群以及其他一些特性能被顾客综合感知。

第二，该品牌在顾客的考虑范围内。顾客在决定购买或使用某个品类或子品类的产品时会考虑购买该品牌。换句话说，该品牌通过了顾客的筛选测试。

品牌相关性战略对企业提出了四点要求：

1.企业有实质性创新抑或突破性创新；

2.要具有对市场变化和顾客生活方式消费行为变化的感知能力；

3.要有开发一个新概念，并将之市场化的坚定意志；

4.要将关注点从创建品牌转向创建一个新的品类或子品类，并建立进入壁垒以阻止模仿者。此时的关注点，也相应变成了如何赢得品类的竞争。

一个新的品类或子品类，就必须具备以下几个"新"：竞争对手集合（竞争集合几乎为空或者品牌数量很少并且都很势单力薄）、品类或子品类定义（与其他品类或子品类存在明显差异）、价值主张（改变或者扩大品牌关系的基础或者创造一个新的价值主张）、忠实的顾客基础（经济价值能得到新顾客认可）、竞争障碍（为竞争对手设置战略性资产和能力方面的障碍）。

相关性原则有利于品牌通过开创新品类建立竞争优势和领先地位，更有利于创建品牌势能，建立竞争壁垒。在汽车行业中，宝马正是充分利用品牌相关性原则建立了强大的品牌势能，进而进入豪华运动SUV市场，奠定了其豪华车市场的领军地位。

城市型SUV市场兴起于20世纪80年代中后期。当时，越来越多的车主开始注重休闲和短途郊游，而市场上传统硬派越野车虽然可以满足郊游的装载性需求，但舒适性、经济性和操控性比较差，难以满足庞大的新市场需求。最早感知到这种市场变化的是丰田。1994年，丰田就发布了全球首款以舒适性和经济性为亮点的城市型SUV RAV4，该车型一经发布就大获成功。丰田SUV新车型的推出引领了整个汽车市场发展新潮流，SUV这一全新品类车型也呈现出蓬勃发展的生机。

丰田开创并引领了经济型、城市型SUV品类发展，在新赛道早早确立了品类优势，但SUV品类市场仍存在更多细分可能。从未涉足过SUV领域的宝马敏锐地捕捉到了这一市场信号，开始将目光瞄准豪华运动型SUV市场。

宝马在选择进入SUV新品类时就充分利用了品牌相关性原则。1994年，宝马集团收购罗孚集团。罗孚旗下专业越野车品牌路虎在SUV领域有很深的造诣，拥有业内领先的越野车四驱技术，这为宝马节省了大量研发时间和资源投入，也为宝马的SUV之路奠定了基础。宝马在吸收了路虎的一部分越野技术后，决定推出一款区别于路虎揽胜且真正契合宝马理念的SUV，将宝马品牌的运动基因和在轿车领域积累的操控技术优势复制到SUV领域，创新研发出符合目标客户需求的豪华运动型SUV车型。经过持续酝酿和精心打造，宝马第一代X5研发计划应运而生。

与老对手奔驰厮杀多年而不能取胜的宝马终于下定决心发力全新车型品类，致力于成为消费者优先之选。作为豪华运动型SUV这个新品类赛道的引领者，X5计划的推出，让宝马迅速成为业界瞩目的明星，宝马的品牌势能也因为开创了豪华SUV车型品类并取得了先发优势而大幅提升。

历经两年时间，初代宝马X5在1996年完成了造型设计。从整体设计思路上来看，初代宝马X5虽然吸收借鉴了路虎的四驱系统，但是宝马四驱系统xDrive依然是以后驱见长，可以将60%以上的动力分配到后轴；再搭配上动态稳定系统和车身控制系统使得初代X5的公路操控性十分优秀。

不仅如此，初代X5拥有诸多实质性的创新，在内饰设计和功能配置上，宝马为初代X5（E39）提供了iDrive、DVD、蓝牙电话等技术和装备。经过不断地探索、研究，宝马初代X5在设计好的3年后（1999年）才正式于底特律车展亮相并于千禧年间上市。而这款划时代的车型，一经问世就迎来销售狂潮，宝马也将豪华运动SUV这一概念持续推广深入人心。

纵观当时整个豪华SUV阵营中，宝马X5绝对称得上是一名"运动健将"。它不仅具有SUV的多功能性，还具有其他竞争品牌不具备的优异驾控运动性能，因此宝马将其定义为高性能运动型豪华多功能车。宝马利用运动操控基因这一品牌相关性在豪华SUV新品类里建立了领先优势，为消费者提供了全新的价值体验，让众多竞争者短时间内难以模仿。由于初代车型的成功，第二代X5（E70）更是继承了初代车型的精髓，依旧将公路驾驶放在第一位，在外观造型上，二代车型变得更为饱满，且富有肌肉线条和力量感；同时方正笔直的线条变得更加圆润，减少了野性，大幅加强了运动感，这让第二代X5有了更浓厚的宝马味。与此同时，第二代X5的内饰也更注重豪华感的营造，不仅换搭了新一代的iDrive系统、HUD、倒车影像、后排DVD等，还将可触碰到的地方用皮质和木纹装饰，进一步突出了豪华特性。而车主们最喜爱的"鸡腿挡杆"也是从这代车型开始配备。为了进一步提升公路操控性能，宝马为第二代X5配备了扁平轮胎，这也是当时豪华SUV中首次出现的。同时宝马还为第二代X5配备了液压稳定杆、机舱拉杆、随速可调的主动转向比等功能。诸多引领行业的创新科技和豪华配置，从第二代车型开始，宝马X5便开启了豪华中大型SUV的王者之路，一路畅销至今。

随着宝马利用品牌相关性原则成功进入豪华SUV市场，并赢得了大量豪华车主青睐，宝马X5常年稳坐豪华SUV市场销量冠军，被它甩到身后的则是奔驰GLE、保时捷卡宴等一众热门车型。宝马X5引领了豪华SUV品类的成功崛起，从品牌发展和市场竞争角度来看，这让宝马彻底摆脱了老对手奔驰在轿车市场建立的传统优势。

从宝马的案例中可以看到，宝马成为全球强势品牌与成功推出X5这一全新车型密不可分，其通过X5这款旗舰车型在新品类赛道确立了优势地位，不断拉升了品牌势能。在而后的发展中，随着品牌势能的提升，宝马品牌的美誉度和影响力持续扩大，进一步增加了原有轿车客户对品牌的信任和忠诚度，让宝马的业务拓展上升到了新高度。

实际上，从SUV的历史发展来看，它可以看成旅行车和越野车的混血儿。而后两种车型的出现远早于SUV。而早在1968年，沃尔沃就推出了沃尔沃145，这是第一辆高档品牌旅行车，推出不久便大受欢迎。沃尔沃也成了欧洲主要豪华厂商里比较喜欢研发生产的旅行车（V系列）。可以说，沃尔沃天然拥有了豪华旅行车的品牌认知基础并建立起了一定的品牌势能，但它却一直没有利用品牌的先天优势和相关性进行豪华SUV新品类的扩展。直到1998年，沃尔沃才决定布局豪华SUV市场，2002年才推出第一辆豪华型SUV车——沃尔沃XC90，而那时的宝马X5已经享有"全球最快SUV"之称，屡屡突破销量大关，率先一步在豪华SUV市场中占有一席之地。早就错失了豪华SUV车型品类发展先机的沃尔沃在之后的市场竞争中不论从市场接受度、品牌价值还是从品牌势能上始终不如宝马，即使是降价也弥补不了品牌的落后性。而同样定位豪华市场的奥迪，在2005年才推出首款豪华SUV——奥迪Q7，时间上远远晚于宝马X5。沃尔沃和奥迪滞后于宝马豪华SUV车型的推出，让宝马在这一时期一骑绝尘，成为全球强势品牌。

由此可见，一个品牌一旦在某个品类赛道上没有把握好先机，缺乏品牌相关性和品牌延续意识，随着市场动态发展，品牌原先积累的势能会在不经意间慢慢消失，最终错失市场竞争优势。在新能源汽车火热的当下，曾经风光无限的燃油车品牌转型新能源赛道迟缓，集体陷入衰退就是最好的例子。

从国内汽车市场消费趋势来看，过去消费者在选择一辆豪华车的时候，会综合考量保值率、保有量、车型配置、品牌附加值、技术优势、售后服务等。而现在，年轻一代的消费者则开始更多考虑智能化、电动化等因素。面对新的消费趋势，以BBA[1]和大众丰田为代表的外资汽车品牌巨头转型迟缓，无论是技术上还是体验上，主力车型都已经无法再与新能源汽车新势力品牌相媲美，自然也就不再成为用户首选。因为在新能源汽车赛道，曾经的燃油车巨头在产品上失去了最为重要的品牌相关性，不再能引发消费者更多价值认同。而小鹏、蔚来、理想、零跑等国产新能源品牌则凭借相关性异军突起。

---

[1] 网络流行语，指的是奔驰、宝马、奥迪这三个豪华汽车的品牌。——编者注

汽车行业案例表明，不相关则品牌弱，强相关则品牌强。利用品牌相关性创新品类摆脱弱势竞争地位有效地建立其品牌领先优势，发挥内部组织、资源与能力持续构建品牌势能，才是企业需要重视的品牌战略。

第五章　品牌增长之路

百亿以下营收的品牌大都会执行聚焦战略，让企业专注某个品类和细分市场持续深耕以求增长。但是对于百亿甚至千亿以上营收品牌来讲，企业要想获取持续增长极具挑战性。而那些百亿千亿以上的快消品、耐消品、奢侈品品牌之所以能够实现持续增长，和它们所选择的品牌扩张模型、品牌战略模型以及奢侈品品牌反营销法则有很大关系。

快消品品牌如何实现强势增长

纵观国内快消品市场，农夫山泉、怡宝、王老吉、六个核桃、营养快线、娃哈哈AD钙奶、旺旺牛奶、脉动、康师傅冰红茶等品牌年销售额都曾过百亿元。这些品牌目前除了农夫山泉还表现出增长趋势外，其他大都停滞不前甚至出现下滑趋势。究其原因，这些停滞或下滑的品牌大都侧重于功能、原料、工艺、技术、场景等商品文化的输出，一味追求产品的功能性利益而漠视消费者对品牌的附加利益需求，无法与消费者形成深层次的精神和价值观共鸣，忽视了品牌核心价值的完整塑造。

不同的是，年销售额能够突破两百亿的品牌，诸如可口可乐、中国红牛、安慕希、特仑苏、劲酒、茅台、洋河等大都侧重于情感、情绪、态度、自然、健康生活方式等族群文化输出，或者精神主义、人文价值观、科技环保社会责任等文明文化输出，通过持续输出品牌核心价值中附加利益部分，与更多消费者建立情感连接或者引发用户内心的价值观共鸣，积累起强大的品牌势能，不断获得更多用户认同和市场扩张（图5-1）。

企业增长本质上是品牌文化强势扩张的过程，从百亿以上快消品品牌的发展共性可以看出，当品牌长期输出商品文化凸显产品功能利益时，品牌所提供的核心价值就会相对单薄，品牌势能相对较低，那么，品牌不但无法得到持续强势扩张，甚至可能出现市场萎缩。只有超越产品功能利益，通过赋予品牌深刻而丰富的文化内涵，并充分利用各种强有效的内外部传播途径形成消费者对品牌在精神价值观或情感态度上的高度认同时，才能

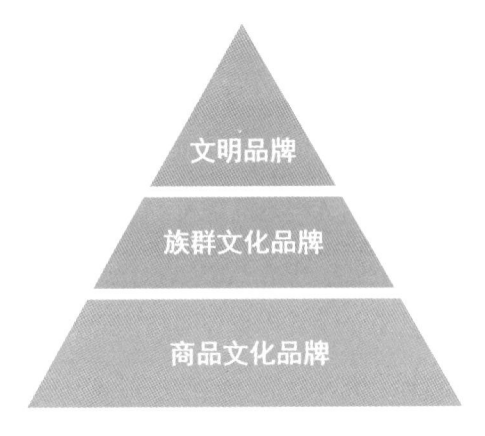

图5-1 品牌扩张金字塔模型

让消费者对品牌产生信任、喜欢、追捧甚至信仰，形成强烈的品牌忠诚，从而创建起强大的品牌势能。

以王老吉凉茶为例，创立于清道光年间的王老吉被誉为"凉茶始祖"。王老吉推出的广告语"怕上火喝王老吉"，以及"始于1828年正宗凉茶"，都是基于品牌具有的商品特性的推广。虽说这种精准发力功能特色的品牌定位让王老吉赢得了庞大的用户群体，但"预防上火的饮料"代表的只是一种功能特性，单向给消费者输送功能利益认知宣导，无法给消费者提供情感型利益和自我实现型利益，难以引发消费者的情感共鸣和价值观认同。常年基于功能利益的单向定位广告和商品文化输出让王老吉的品牌核心价值越来越单薄。缺乏更多情绪、情感、文化等价值体验，无法给品牌提供强大的势能补充，使得王老吉面临势能下滑，品牌发展也就从扩张进入到了萎缩阶段。

和王老吉一样，六个核桃同样主打功能性定位，通过"经常用脑，多喝六个核桃"广告语对商品功能性进行反复强化继而对"用脑"场景进行细化，细分出职场人士脑力工作和学生学习考试场景，完成场景占领。职场人士和学生是六个核桃的核心用户群体。六个核桃通过暗示商品"对大脑有益"的商品功能属性，并基于这一商品功能利益开展定位式广告宣传，在早期的确助推了六个核桃的高速发展。然而，当商品文化成为品牌对外强势输出的主要部分，终究会物极必反。六个核桃的品牌核心价值局限于提供给消费者商品功能性利益，忽视其他品牌附加利益的输出，导致品牌核心价值构建不完整，其品牌势能因此持续走低，最终造成被品牌扩张反噬的局面。

王老吉、六个核桃都只停留在商品文化输出的层面，没有更高的文化势能做支撑，最终纷纷遭遇扩张不力和下滑颓势。由此可见，只有当品牌进入更高维度的族群文化或者人类文明和价值观文化输出阶段时，品牌才会在商品文化输出成果积累之上形成更为强大的势能，更容易实现品牌的扩张。可口可乐、农夫山泉和红牛以及洋河等品牌的强势扩张很好地印证了这一点。

以可口可乐为例，作为饮料界的全球知名品牌和行业巨头，可口可乐除了注重品牌形象一致性的建设，更加重视品牌文化的建设和输出。从可口可乐的商标、口号到包装设计再到围绕品牌文化展开的营销策略，都清晰地传达出品牌的核心价值观：快乐、活力、青春、自由并与消费者建立强关联，同时在品牌发展过程中逐步实现从商品文化到族群文化和文明文化的蜕变。

早在1886年，可口可乐在美国推出第一支广告，在而后长达半个世纪的时间里，可口可乐一直围绕"解渴清凉"等产品特性进行宣传，通过广告培养构建消费者对产品的功能利益认知和商品文化认知。直到20世纪40年代左右，可口可乐不再围绕产品特性竞争，从理性诉求宣导转向感性诉求宣导，将产品的特性功能上升到产品的社交功能，为消费者提供更多情感利益。可口可乐将其品牌与人群畅饮文化和欢乐主题绑定，推出"开心就喝可口可乐"广告，将可口可乐与快乐紧密联系，让人们在喝可口可乐的同时感受到快乐。同时广告宣传延伸到场景联系，将品牌与用户欢聚生活场景联系在一起，推出"一起过圣诞"广告，将可口可乐与圣诞节家庭聚会的欢乐文化进行联系，让人们在喝可口可乐的同时感受到圣诞节的欢乐氛围。到1985年，可口可乐从一瓶口感甜蜜、气泡充足的饮料演变成了在情感层面能给人带来欢乐的独特品牌。畅饮欢乐文化助推可口可乐品牌强势扩张，其营业业绩自然水涨船高。可口可乐的财报数据显示，2022年可口可乐全年营收430.04亿美元（约合3080亿元人民币），增长11%；在中国营收约为442亿元人民币，远超同期大部分快消品品牌。

对于可口可乐这样的全球化品牌来说，由于面对的市场众多，文化助推品牌强势扩张的过程中也要体现出本土化和个性化特色。可口可乐在进入不同民族和国家地区时，其广告宣传跨越种族，地域等区隔，展现出人文关怀和人类共同价值观，赢得了不同种族人群的共鸣，这也为可口可乐注入了新的文化内涵。

针对拓展穆斯林市场时，可口可乐在宗教文化上下足了功夫。斋月是穆斯林一年中最高贵的月份，一般为30天。在斋月里，全体穆斯林会尽可能进行全月斋戒。封斋从黎明到日落，不吃不喝不吸烟，拒绝丑行和秽语，以达到净化身心，除去邪念的目的。为了迎接穆斯林的斋月，可口可乐专门推出"去除标签瓶"，并在2018年，可口可乐还专门为穆斯林斋月推出了一支新广告，通过年轻女孩的视角，诠释"尊重差异，消除隔阂，亲近你我"的理念，引起了穆斯林消费者的强烈共鸣。此外，在体现品牌"爱"的文化方面，可口可乐推出了迪拜劳工广告，以"一个瓶盖可让贫苦劳工打3分钟国际想家电话"的故事方式传递大爱关怀和暖心情感；在疫情期间，可口可乐推出抗疫广告《献给每一个你》，献给一次又一次奔赴抗疫一线的人，让"可口可乐让你我更亲近"理念进一步深入人心。

从可口可乐的成功之道可以看到，可口可乐的品牌扩张过程就是文化输出赋能品牌的过程。怡神醒脑只是功能诉求，欢乐畅饮的文化与人文关怀才是可口可乐的百年主题。这种超越商品功能利益的情感利益和人文价值观文化输出把可口可乐品牌势能推上更高水平。正如可口可乐前全球营销副总裁和欧洲区营销总裁维尔·桑切斯·拉米拉斯总结的那样：品牌营销需要和用户的情感大脑互动，而非和用户理性大脑对话，只强调产品的功能参数。

仅次于可口可乐和百事可乐的强势软饮品牌——红牛，其成功跟高维文化输出息息相关。早期的红牛宣传"困了累了喝红牛"，主打维生素功能饮料这一品类特性，侧重于以功能利益为主的商品文化输出。而后"你的能量，超乎你的想象"，打开了更大的品牌联想空间，使品牌从单纯的产品品类象征转变为能量、力量、突破自我潜能的文化符号，实现了品牌文化升级，并开始侧重于族群文化输出。红牛尤其关注年轻运动人群，通过赞助一系列极限运动达人和一次次吸引眼球的活动让品牌文化深入人心。2012年，红牛发起举世瞩目的挑战——红牛平流层计划（Red Bull Stratos），YouTube同步直播收获800万观看人数。直播视频更是成功入选《广告时代》年度十大病毒视频。这次挑战共有超过五十个国家转播，将近8000万人同时观看跳伞运动员菲利克斯·鲍姆加特纳的表演。2021年9月，红牛赞助的意大利特级飞行员达里奥·科斯塔驾驶Zivko Edge 540飞机完成"驾机穿越隧道"挑战，同样引起全球瞩目。红牛随后进入足球、赛车、帆船赛等多个竞技体育领域，持续围绕关注极限运动和竞技赛事的年轻人群输出挑战、冒险的族群文化。

而后，红牛品牌进一步转向价值观文化输出，持续邀请各个运动领域的知名头部极限运动员代言,并赞助山地自行车、攀登冰山、滑雪、滑翔、跳伞、翼装飞行等高风险极限运动,倡导挑战与冒险精神。

为了进一步将喜爱挑战自我、激情极限冒险运动的年轻消费群体转化为品牌的核心用户,红牛在品牌文化建设上不断加大投入,甚至专门成立红牛媒体工作室,建立起一个以自己的核心品牌承诺为主体内容的极限运动专有网络。正如红牛创始人迪特里希·马特施茨所说:红牛媒体工作室的成立,并不意味着红牛想从饮料业向媒体业转变,其所做的一切都只是为了提高红牛品牌形象,传达红牛健康有能量、突破自我挑战极限的品牌核心价值。

随着行业与市场的发展变化,企业对于品牌文化建设的聚焦点也在与时俱进,但一个不变的宗旨就是:品牌逐步从商品文化向族群文化和文明文化升级。作为我国饮用水领域的领军企业,农夫山泉同样经历了从早期的商品文化,向人文关怀、关爱生命等文明文化转型的过程,从而引领企业营收向上突破300亿元。

饮用水市场赛道拥挤,竞争品牌众多。和很多同行一样,农夫山泉早期角逐市场同样在产品功能和品质上投入核心资源。在广告宣传中,农夫山泉强调有点甜、天然弱碱性水、千岛湖丹江口万绿湖水源地(水质好、含有天然矿物元素、弱碱性)的三大特色。围绕"见证寻源之旅"品牌活动,农夫山泉线下邀请媒体去亲身感受水源地的水和生产过程,线上则从水源探索、检测、制作到送水,不断输出《一个你从来不知道的故事》《每一滴水都有它的源头》《最后一公里》《一个人的岛》《一百二十里》《一天的假期》等纪录片。不过,市场上拥有优质水源地的品牌并不少见。商品文化输出虽然打响了农夫山泉天然水的品牌知名度，但是农夫山泉在市场上并不是一个强势品牌。为了和娃哈哈、乐百氏纯净水以及康师傅、可口可乐矿物质水展开差异化竞争，农夫山泉推出了"我们不生产水，我们只是大自然的搬运工"的广告金句，突出自然健康生活方式，赢得了无数人的赞誉。此举也让农夫山泉品牌势能开始强大。

随着国内市场"世纪水战"持续升级，农夫山泉通过关注生命展现人文关怀这一品牌文化升级传播，延续品牌势能扩张之路，持续创新讲好"品牌故事"，输出一系列开创行业先河的广告片。比如，随着环保成为时代主旋律，农夫山泉以"保护水资源，就是保护我们的生命"为主题，开始在全国各地开展世界水日活动，积极宣传水资源保护；在此基础上，农夫山泉还通过制作发行生态纪录片，从人文关怀角度宣传"什么样的水源，孕育什么样的生命"的品牌理念。而在消费者越来越重视食品安全卫生和品质之际，农夫山泉从产品质量、制造工艺、装备水平等，体现"中国制造"的高水准，又从"匠心精神"的文化角度，突出"每一个员工的坚守成就了农夫山泉二十年的品质"这个核心主题。配合相关广告宣传，农夫山泉公开生产车间，从工人上班到岗位交接产品抽检等每一个细节，让员工成为品牌名片，让消费者能看见产品的质量。农夫山泉在确保品质、满足消费者对健康水的需求的同时，也将环保、人文关怀的品牌价值观潜移默化地植入到人们心中。

从根本上来说，品牌文化是品牌在经营中逐渐形成的文化积淀，它代表着品牌自身的价值观和世界观。能够升级助推品牌强势扩张的品牌文化，必然是一种能和消费者在精神上产生认同、共鸣和信仰，并且形成强烈的品牌忠诚度的文化。

耐消品品牌如何实现强势增长

纵观国内家电、家居、建材、汽车等耐消品市场，年销售额过百亿元的代表性品牌有小鹏汽车、零跑汽车、老板、方太、卡萨帝、九阳、苏泊尔、九牧、三棵树、索菲亚、欧派等；年销售额200亿元以上的代表性品牌有理想汽车、蔚来汽车、广汽埃安、小米、格力、海信、康佳、创维、长虹、奥克斯等；年销售额过千亿的代表性品牌有美的、海尔、TCL、长城汽车、比亚迪、吉利汽车等。从行业和市场趋势来看，近年来除了新能源汽车赛道表现出明显增长趋势外，家居、建材、家电赛道普遍进入了存量市场竞争阶段。其中，汽车行业中各个传统制造业品牌都在经历转型期，业绩表现不一，势头最为强劲的新能源汽车品牌尚处于高速增长期；家电行业中，家电行业品牌停滞不前或出现下滑；而家居建材行业品牌集中化程度较低，虽然进入了存量市场阶段，但也因为各大品牌强势出击反而迎来逆势增长。

从以上耐消品品牌发展可以看出一些共性：耐消品企业要实现持续增长就要打破品牌架构和战略模型的枷锁，敢于走出品类聚焦的舒适区。而在这一过程中，品牌要尽可能避免因为跨品类或多元化失去相关性，造成品牌价值的稀释和品牌势能的削弱。从美的、海尔、比亚迪、吉利等年销售额过千亿品牌的增长路径来看，品牌走出品类聚焦的舒适区反而让品牌势能更为强大，而这与其选择的品牌架构和战略模型有必然关系。

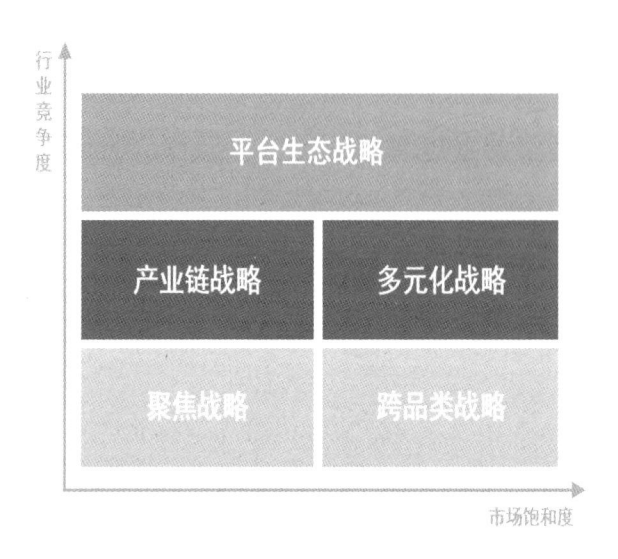

图5-2　百思特品牌战略模型图

百思特品牌战略模型图是品牌打破增长枷锁，实现规模级增长的核心战略分析工具（图5-2）。这一工具关注不同行业品牌采用战略模型的适用性。一种战略模型背后代表着一种品牌经营战略理念，这一模型工具将品牌聚焦单一品类（市场）、跨品类延伸、产业链进化、多元化拓展和平台生态五种战略选择系统整体思考。

企业在早期发展阶段往往采用品牌聚焦战略，而随着规模增长，企业将面临品牌战略转型的问题。在做品牌战略转型决策时，企业需要考虑品牌延伸等品牌战略要素、行业发展情况、企业增长的实际需求、品牌增长潜力和品牌整体协同优势等。

聚焦战略

聚焦战略是年销售额在百亿以内企业首选的品牌战略模型。通过聚焦某一品类（商品特性）、专业市场、核心人群或者场景实现品牌在细分市场中强势地位。聚焦战略帮助品牌获得更清晰的品牌认知从而建立起专业形象，有利于企业创建强势品牌。企业往往通过品牌聚焦战略实现第一个百亿目标，聚焦战略所获得的经营成果和形成的专业化优势也是大部分品牌的最佳舒适区。

以耐消品家电市场为例，老板和方太聚焦厨房电器，格力聚焦空调品类，三个品牌都成了专业化强势品牌。然而，聚焦战略却也成了品牌持续百亿增长的最大枷锁。品牌除了遭遇增长瓶颈之外还会面临各种风险。

第一是由于整体市场规模受限或者品类衰退而被边缘化的风险。例如长期固守杯装奶茶的香飘飘、长期聚焦胶卷相机的柯达的衰落便很好地印证了这一点。

第二是因强势的竞争对手跨品类介入而形成的竞争风险。例如京东和当当的竞争，当当一直聚焦图书电商领域，而当早期聚焦3C认证[1]的京东通过延伸业务涉足图书领域，对当当发起价格战时，长期聚焦图书电商领域并被品类限定的当当无力招架，从此一蹶不振。

第三是因实施更大市场战略布局，更具品牌运作成本领先优势的企业的进入使得聚焦战略企业的专业优势和品牌差异化优势有被削弱的风险。例如劳斯莱斯聚焦超豪华奢侈汽车市场，虽然拥有超高溢价，但是销量规模和品牌运营成本始终难以达到财务平衡，经营无法持续，只能被宝马并购。

---

[1] 3C认证即China Compulsory Certification，中国强制性产品认证，是中国政府为加强产品质量管理而依法实施的一种产品合格评定制度。——编者注

第四是因消费者的成熟和竞争对手跟进以及行业技术革新普及而造成消费者对企业聚焦战略创造的品牌专业化和差异化认知下降的风险。例如在旅行车品类拥有绝对市场优势地位、长期聚焦汽车安全特性的豪华汽车品牌沃尔沃，被宝马、奥迪等陆续超越。

第五是因行业周期变化、技术变革或经济转型使得聚焦战略的企业抗风险能力弱而引起的风险。例如诺基亚手机面临智能手机换代时被苹果手机一举超越。

第六是因成本制胜的品牌冲击市场、影响竞争格局，使得实施聚焦战略的品牌成本控制管理不再具有优势，而在经济危机或者经济下行周期时面临的经营风险。例如多元化或者跨品类经营的本田、铃木、川崎等日系企业推出的摩托车品牌通过大幅降低成本和售价战胜了哈雷、印第安等实施聚焦战略的美系摩托车品牌，迫使美系品牌放弃规模化运动摩托车市场进入更细分的高端巡航摩托车市场。

由此可见，企业需要根据自身发展阶段特点和市场发展形势进行战略的调整和升级，以谋求更大发展。

产业链战略

产业链战略是聚焦战略的升级。企业为了应对竞争，品牌需要在上下游环节的关键部分进行纵向延伸，进而掌控行业的关键竞争要素再次确立品牌的竞争优势。比如，TCL进入上游显示屏制造环节、格力进入上游压缩机制造环节、比亚迪进入电池电机电控制造环节、华为进入芯片和操作系统开发领域，都是掌控了关键竞争要素。产业链战略往往能够让企业进一步保持专业化优势，让品牌势能更加强大。实施产业链战略的企业如果遭遇品类增长空间有限或者行业市场总规模有限，往往容易陷入增长瓶颈，格力就是一个典型。

格力早期专注于空调领域并通过聚焦战略建起了强势的品牌认知，而后在遇到增长瓶颈时转向产业链战略，开始进入上游压缩机制造等环节，通过发挥自身优势打通上下游产业链迎来了新的增长空间。然而，随着国内的空调市场进入存量竞争时代，国内空调市场趋于饱和，增速放缓或下滑似乎成了空调行业的常态。在整个空调品类增长空间有限以及空调市场整体低迷的情况下，格力自然无法独善其身，其增长空间十分有限，再度遭遇瓶颈期，迫使其进行更深层次的战略升级。

跨品类战略

跨品类战略是国际化耐消品企业和百亿以上国内耐消品企业采用最多的品牌战略模型，也是品牌面对市场饱和时突破营收瓶颈的最直接路径。 飞利浦、松下、日立、夏普、戴森等国际品牌都经历过这一发展阶段，美的、海尔、小米、海信、TCL等也是如此。能够在跨品类战略模型中收获成果的品牌，往往在跨品类横向延伸的时候保持了较强品牌相关性，老业务和新业务之间具有较强的联动和协作效应，品牌架构也较为清晰。

其中，海尔集团旗下的高端家电品牌卡萨帝打破品类聚焦枷锁，从高端冰箱、洗衣机到全屋全品类家电扩张就是个跨品类战略领域中的典型案例。

冰箱、洗衣机赛道竞争激烈，随着新一轮家电消费升级，高端双开门大冰箱和烘干功能洗衣机市场增长趋势明显，但这一市场长期被外资品牌占据。作为海尔旗下的高端家电品牌，创立于2006年的卡萨帝在起步阶段充分依托母品牌海尔的科技研发和品质服务优势，聚焦双开门大冰箱、烘干洗衣机品类市场，采用性价比策略与外资高端品牌松下、三星、西门子直接竞争并取得了巨大成功。但高端冰箱、洗衣机市场的天花板始终存在，聚焦高端冰箱、洗衣机的卡萨帝迎来了增长瓶颈。而这一时期智能手机的流行引发了智能科技浪潮，全屋家电品类再次迎来消费升级，高端家电消费者更愿追求智能化的家电产品，这为卡萨帝摆脱增长瓶颈提供了一个机遇。而后卡萨帝主动求变，打破高端冰箱、洗衣机品类聚焦枷锁，从智能科技、产品形态、洗护结合、场景融合等方面入手，相继推出洗地机和厨房家电以及电视、空调等产品，涉及厨房、客厅、卧室、阳台等全生活场景，满足高端客户更多全屋智能家电品类消费升级的需求，更是实现了跨品类、跨场景的业务延伸。

随着卡萨帝在全屋全品类家电市场风生水起，企业相关资源投入也全面向多品类赛道倾斜。在品牌战略方面，卡萨帝在既有九大品类基础上进一步扩张新品类，持续布局生活家电等创新产品。其中，大家电产业聚焦九大薄弱品类，进一步提升产品竞争力，其生活家电板块计划扩充10个以上品类，进一步填补小家电高端市场空白。从高端冰箱、洗衣机到厨房家电、黑色家电以及生活小家电，卡萨帝没有长期采用像格力一样的单一空调品类聚焦战略模式，也就不会形成单一家电品类的专业品牌形象，并且在品牌扩张中，卡萨帝保持了很高的活跃性，也创造出更大的商业价值和品牌势能。

跨品类、多品类发展战略，让卡萨帝的市场业绩高速增长，6年间卡萨帝实现了10倍增长，并且在同品类产品竞争中持续保持平均单价第一，高端份额第一，市场增速第一。2023年，卡萨帝以711.65亿的品牌价值再登《中国500最具价值品牌》榜单。连续多年实现业绩高增长的卡萨帝就是走出了高端冰箱、洗衣机品类聚焦战略舒适区，进入全屋家电跨品类、多品类经营的最好例证。

多元化战略

多元化战略是企业在追求更大营收规模时采用的品牌战略模型，当跨品类战略和产业链战略都无法满足企业增长需求时，多元化战略是品牌的最佳战略选择。比如，飞利浦不局限于家电业务，医疗器械设备也是其主要营收来源；松下近些年营收增长主要来源于锂电业务而非家电业务；西门子家电在西门子整个业务版图中占比较小，反而是新能源、工业自动化、基础设施、数字化软件和医疗设备是主营业务；美的近些年的增长也主要来源于工业机器人和自动化、工业技术和智能制造以及数字化业务。

多元化战略对企业组织和管理能力挑战很大，多元化过程往往意味着品牌进入全新的业务领域，核心竞争力、资本的需求和团队的培养都需要长期大投入。正因为如此，多元化战略实施效果不佳的企业最多，历史上的春兰、创维、康佳、长虹无一例外。全球知名的波士顿咨询公司曾对美国多元化企业进行研究，研究样本是被纳入标普500指数的500家美国大型上市公司，总结了四个方面的成果：

1. 多元化企业的表现大体上与股票市场平均水平相若；

2. 是不是专业化公司与股东总回报率并无关系；

3. 一些多元化企业的业绩长期超越相关的股市指数；

4. 优秀多元化企业都是根据一套特别原则进行管理。

针对大量多元化上市企业的研究，波士顿咨询得出结论：接近一半将业务分拆的公司，事实上是在毁灭价值，而非创造价值。也因此说明多元化没有对错，在数百亿甚至千亿营收规模的品牌来看，多元化是解决现实增长需求的必然选择。

平台生态战略

平台生态战略是最高形式的品牌战略模型，其战略实施路径也是难度最大的一种。 目前仅有小米、苹果、阿里巴巴、奈飞等极少数企业获得过成功。采用平台生态战略的企业大都拥有强大的品牌势能，能够实现生态资源的整合。它们也拥有其他对手所不具备的用户获取能力，品牌方往往掌握着平台内生态环境和游戏规则的制定权利，具备强大的反哺能力，使得平台生态内的各个玩家都拥有清晰的盈利分配模式和资源获取通路。平台生态战略实施往往意味着品牌方需要历经数年的开发建设和培育，其资金的投入和战略实施的长周期性都是一般企业难以承受的。

奢侈品品牌如何实现强势增长

欧洲知名的奢侈品战略专家凯费洛在《奢侈品战略》一书中指出：传统营销手段不适用于奢侈品，奢侈品与适用于一般消费品的品牌甚至高档品牌的营销法则大相径庭。[1]

而奢侈品之所以和传统消费品营销模式不同，源自其自身的品牌特点。

---

[1] 文森·白斯汀（Vincent Bastien），让－诺埃尔·凯费洛（Jean-Noel Kapfer）. 奢侈品战略：揭秘世界顶级奢侈品的品牌战略 [M]. 谢绮红译. 北京：机械工业出版社，2013：65.

第一是自身独特性。传统消费品营销强调品牌的定位、独特的销售主张和有利的竞争优势，需要通过与竞争者比较，寻找自己的品牌定位。比起传统消费品在竞争者比较中寻找自己的位置，奢侈品则关注塑造独特品牌形象（个性）和积极的品牌联想，强调自身独特性，它无须与竞争者进行比较。奢侈品表达的是品牌自身的品位、身份以及创造者内在的激情，而不是定位。它们强调"我就是我"，更忠于自己的身份形象和个性。

第二是稀缺性。奢侈品"把玩象征"的价值远远大于实用价值，是用来享乐和代表阶层身份的。而稀缺性正好赋予了尊贵的身份象征和优越的品位象征。除了奢侈品使用的原材料稀缺导致其稀缺性外，传统消费品往往以需求为基础，企业会根据市场大规模动销水平和竞争对手表现进行商品定价。奢侈品往往反其道行之，对市场追捧的热销产品采取提价措施，便于控制销售规模，以此来保持商品资源的稀缺性。这种措施意在保持品牌一致性和目标消费者的尊荣地位。因此，奢侈品从不迎合消费者，而是与大众消费者保持一定的距离感，对它们而言，过于扩大销售规模，追求过快增长速度，过于扩大品牌受众等于在稀释品牌价值。

第三是艺术文化性。奢侈品不仅仅意味着与众不同的品位，更意味着营造生活梦想和独特文化的代表，比起知名度，它们更重视声誉。因此，奢侈品往往会开展和艺术的结合创造，比如和艺术家、明星合作为品牌新增神秘感和象征力。它们通过独特的历史文化和所被追捧的权贵阶层、明星用户和消费代表，以及极致工艺进行限量版商品打造来不断提升品牌势能。

也正是基于奢侈品品牌本身拥有的诸多特点决定了它们与众不同的营

销方法。由于奢侈品是一种文化代码，其品牌的建立源于将文化和社会成就有机结合，因此，在品牌打造过程中，奢侈品更重视品牌文化的输出和品牌精神的塑造。任何奢侈品品牌都依赖于忠实客户。他们对品牌文化着迷，欣赏品牌所呈现的价值观和个性主张，认同品牌的精神理念，促使奢侈品成为消费品中品牌势能最强的品牌。这也是奢侈品经久不衰的秘诀所在。

以法国奢侈品品牌香奈儿经典"小黑裙"为例。在香奈儿一系列产品中，"小黑裙"堪称经久不衰的经典设计，拥有海量拥趸。然而，这款最初诞生于法国市场的产品，曾引起过巨大的社会争议，这和欧洲封建时代的传统文化息息相关。在"小黑裙"诞生时，欧洲女性仍保留着传统保守的审美观，上流社会女性依旧流行繁复的服饰。在西方文化中，黑色一度是邪恶和悲伤的代名词，西方女性一般只在葬礼上才会身穿黑色服饰。而香奈儿却大胆创新，突破人们对黑色的传统成见，坚定贯彻其品牌历史资产和品牌文化，一如既往地主张女性行动自由又不失时尚优雅的设计，推出以黑色为主色调的"小黑裙"，将黑色与时尚、高贵、典雅进行关联。为了扩大影响力，香奈儿将这款设计发表在美国时尚杂志VOGUE上，此后被VOGUE评论为"品位女性的制服"，迅速成为流行时尚的标杆。此后，好莱坞巨星奥黛丽·赫本更是在《蒂芙尼的早餐》中以一袭"小黑裙"的惊艳扮相，一举树立了不朽的时尚丰碑。自此，被重新赋予了优雅含义的"小黑裙"正式成为高贵和时尚优雅的象征，获得了西方上流社会女性的青睐，也通过持续地输出坚守女性优雅时尚的品牌文化和品牌精神成为奢侈品中女性优雅时尚的代名词。时至今日，"小黑裙"系列依然是时尚经典，即使售价高昂也不乏粉丝的青睐。

而在高端小家电市场中，戴森同样极具代表性。

戴森的出圈火爆和其推出的吸尘器等知名产品息息相关，而戴森走上轻奢品牌发展之路则与创始人的品牌战略密不可分。戴森创始人兼首席执行官詹姆斯·戴森是英国知名工程师和发明家，他以独特的创新精神和对细节的关注，成就了戴森系列产品在功能与使用体验上的巨大成功。在系列产品接连获得红点设计大奖、IF设计大奖等权威大奖后，戴森品牌价值得到了市场公认，在全球范围也拥有了广阔市场。而在大好局面下，詹姆斯·戴森并不急于品牌扩军，反而在审视市场后，在品牌形象个性上做起了文章。

自此，坚持"完美主义"的戴森彻底颠覆了小家电行业一贯的"性价比主义"。立足于高端轻奢路线，詹姆斯·戴森不相信市场调研，过度研究竞品和用户，也没有针对市场主流品牌如松下、飞利浦等做定价参考。在而后的产品定价上，戴森定价基本为同类产品的十倍，虽然定价高，但仍然获得了市场青睐，就连苹果创始人乔布斯都对戴森赞不绝口。尤其是在营销端，一方面，戴森坚持自上而下的"精英式营销"。从推出吸尘器品类开始，戴森系列产品不仅成为白金汉宫英国皇室的御用吸尘器，甚至让美国前总统克林顿也成为忠实粉丝。而在后续推出吹风机和美发棒等产品时，戴森开始布局时尚艺术圈，让其产品成为明星御用造型师的标配，进而进一步将产品覆盖到中高端美发场所。在此基础上，戴森还广泛通过互联网端的种草和病毒式传播积极营造品牌的高端时尚调性。此后，带有"网红"属性的戴森又和众多头部网络达人、社媒账号深度合作，一系列种草文章让戴森实现圈层破壁，一举成为时尚轻奢的代表品牌。

另一方面，在产品端，戴森同样不按传统美式定位和品类聚焦规则出牌。在品类拓展方面，从吹风机到吸尘器再到专业美发棒和无线穿戴，戴森不断进入新品类，在丰富自身产品矩阵的同时，进一步触达更多细分赛道和潜在用户群体，不断输出"发明家"这一品牌精神。售价3000元的吹风机、4000元的电风扇、5000元的吸尘器、4000元至6000元的台灯等一系列"天价"产品远远超出了传统小家电的价位，但实施高价策略的戴森依然吸引无数粉丝购买。抛去产品功能优势不说，戴森正是通过极致的使用体验和带有轻奢性的消费者心理体验俘获了大量粉丝。

戴森在日本取得巨大成功后，进入美国市场也获得了成功，被无数明星达人追捧。高定价、高颜值、高品质让其品牌势能拉满。当然，单纯采取"高价策略"，没有核心技术的支撑，戴森的轻奢路线根本无从谈起。在中国市场，正是因为国内传统家电产业更新换代频率慢、研发投入相对国外高端品牌少，国内大多数传统小家电品牌并没有跟随消费升级步伐，较少的研发投入很难推出颜值高、性能佳、体验好的小家电产品，也就不能满足新生代用户对美好生活的向往，这就给售价、产品体验均与同类产品拉开明显差距的戴森留下了巨大的市场机会。

其实，戴森的成功之路更多的是遵循了奢侈品营销原则，尤其是在功能体验和技术细节上，戴森更是将高投入与研发精神用到了极致。不仅如此，在戴森中国团队中，很多核心成员同样来自欧莱雅。戴森打造的专业造型师社区，正是复制了欧莱雅集团在美业渠道上的打法，将超一线、一线的高端美发场所的造型师视为与消费者建立互动的专业沟通渠道，进而利用专业造型师的讲解和演示，自然植入戴森产品，间接影响消费者对戴森的品牌认知，扩大口碑传播。可以说，戴森独树一帜的科技创新文化，在耐消品行业走出了不一样的轻奢道路。

法国社会学家让·鲍德里亚曾经说过：丰盛是消费社会最主要的特征，在社会生产力得到极大发展之后，消费者从对物本身的需求，来到了对物品背后符号精神的需求阶段。从戴森的案例不难发现，科技感、品质感和高颜值让小家电拥有了实质性创新，彻底满足了中产富裕阶级的高尚生活欲望，成为新中产的一种社交货币，完成了从价格敏感型到价值敏感型的跳跃。而在奢侈品消费市场，能在市场上经久不衰、持续保持增长的企业和品牌，几乎都是摒弃了传统美式定位和营销规则。正如凯费洛给奢侈的定义所言：奢侈是指过分昂贵的物品或服务。因此，无须靠它生活，只有由稀有品质、享受体验、象征提升和引人注目构成的优越感。按照奢侈品品牌独特运作逻辑创建强势品牌，这才是奢侈品企业的明智选择。

第六章　解锁品牌长期增长的密码

增长是企业管理者始终关注的话题。美国营销大师科特勒指出，增长分为结构性增长和战略性增长，结构性增长来自新市场、新渠道、新业务、新用户，战略性增长来自产品被重新定义，新技术，新商业模式和新的用户关系。但是现实的商业环境中企业经营会面对各种竞争，品牌的增长会遭遇各种竞争压力和对手挑战，要实现持续增长就要对商业环境进行结构性分析，并制定出清晰的商业战略。

10S战略结构分析模型

传统战略分析工具五力模型、3C模型以及SWOT分析模型诞生于工业化时代。迈入新商业时代，商业环境成为超级变量，传统战略分析工具无法洞察企业战略结构和竞争环境全貌，存在很大的局限性。因此，品牌要对商业环境进行结构化分析，做出符合增长战略的商业决策。10S战略结构分析模型是适应新商业时代的全新分析模型，可以帮助企业找到明确的战略增长方向和差异化品牌优势。

图6-1　10S战略结构分析模型

10S战略结构分析模型（图6-1）是基于品牌优势和品牌增长原则扩展而来的。这里S代表战略（Strategy），10S即为趋势、产业、场景、产品服务、用户、心智、文化、视觉、渠道和供应链。企业需通过以上10个商业视角展开结构性分析，寻找增长方向和发现品牌优势展开竞争，并通过明确增长方向和品牌优势展开品牌营销等商业投资活动，进而通过品牌营销等商业投资活动再继续扩大品牌优势和实现增长。

第一是趋势，即宏观周期判断。 企业可以通过对行业和市场的宏观周期的观察，分析技术创新和产品迭代趋势、明显的消费趋势、生活方式与潮流风尚演变趋势、人口与政策趋势等四个方面，找到增长方向和品牌潜在优势。

以新能源汽车市场为例，随着二孩、三孩政策放开，"奶爸车"成为各大车企争相布局的新蓝海市场，家庭用车迎来结构性增长。理想汽车抓住这一趋势进行场景化造车。针对家庭用户需求，理想积极营造"奶爸车"氛围，2021款理想ONE车型进一步扩大了空间配置，全面扩容的后排空间和后备箱，让孩子、老人乘坐更为舒适，还能携带更大的旅行箱、婴儿推车等大件行李，进一步满足了家庭出游的需求。在人工智能科技、对外放电功能等内部配置上，理想汽车同样围绕家庭氛围、户外旅游等核心需求做提升，并极为注重安全性设计。理想ONE也成为新势力造车品牌中首款累计交付突破10万辆的车型。

同样在饮料市场，在新一轮消费升级中，随着"减糖、无糖、低糖、低脂、低卡"成为饮料市场消费新趋势，一批新消费饮品品牌通过精准的宏观周期判断全面崛起。

随着国民健康意识的不断增强，无糖、低脂、低卡已经成为消费者的选择偏好。中华人民共和国国家卫生健康委员会发布的《健康中国行动（2019—2030年）》更是明确提倡，到2030年，人均每日添加糖摄入量不高于25克。再加上以"90后""00后"为代表的新一代消费者更注重健康养生，带动了健康饮食潮流。据智研咨询《2020—2024年中国无糖饮料行业市场供需现状及发展趋势预测报告》显示，随着无糖饮料市场渗透率不断提升，其增长率已经远高于饮料总体增长率。随着元气森林引发饮料界的连锁反应，在"无糖即是健康"的消费者认知势能下，更多新消费品牌接连推出无糖、低糖、低卡饮品，或是富含益生菌、膳食纤维的系列产品，迅速抢占了市场份额。

第二是产业，即行业窗口期判断。所谓行业窗口期，是指从一个产业或市场快速成长、天花板较高的阶段，到产业格局形成寡头或多头情形阶段之间一个区间时期。不同行业的窗口期时长、变化趋势各不相同。企业对所在产业发展阶段需进行清晰的判断，对行业企业和品牌竞争状态形势（领导者、挑战者、跟随者、跨界者、替代者）、市场发展阶段和市场空间容量（增量市场、存量市场、缩量市场）、产业定价因素和成本结构等四个方面进行判断分析，找到增长方向和品牌潜在优势。

以咖啡行业为例，产业整体发展趋势向好，咖啡连锁品牌、单体精品咖啡馆、速溶咖啡品牌并存，培育了大量消费用户。线下更是进行了精品咖啡馆和普通咖啡馆的细分，这也反映出速溶咖啡品牌同样拥有品类细分，存在巨大商机的可能。三顿半就是通过行业窗口期这一精准的判断找到了品牌突破口。

自我定位为"精品速溶咖啡"的三顿半，仅用3个月就做到购物节同类国产品牌销量第一，实现了多维度的"精品创新"。在产品端，三顿半主打低温冷萃工艺，最大程度保留咖啡风味；在包装设计上，采用"小杯装"，坚持"颜值即正义"；在营销端，品牌聚焦商务人群、旅游爱好者"随时随地喝上一杯高品质咖啡"的痛点，通过在小红书、抖音、快手、B站等平台一系列KOL营销让产品迅速"出圈"，成为新消费人群追捧的网红品牌。正是做到了品类创新（开拓精品速溶咖啡市场）、产品创新（咖啡+咖啡工具打包卖）、价位创新（高于普通即溶咖啡却又远低于星巴克）、技术创新（3秒速溶技术）、包装创新（迷你罐包装）和场景创新（飞机、火车），三顿半创造出了咖啡赛道的品牌增长奇迹。

第三是场景，即营销机会的判断。 生活场景的延伸分化和新媒体新零售的发展使得消费场景创新不断，新消费场景的出现催生出新的品牌。比如同品类不同场景的品牌、同场景不同品类的品牌等。企业可以通过场景创新找到新的增长机会。

以早餐消费场景为例，随着快节奏生活成为城市家庭常态，家庭早餐场景诞生出很多新的商业机会。牛小白就是成功案例的代表。

在传统早餐消费市场，无论是油条大饼、牛奶面包还是馒头包子，都很难做到饱食、营养、美味等多元需求的平衡，孩子早餐挑食现象非常突出。而牛小白洞悉这一用户痛点，深耕早餐消费场景创新，通过跨界产品创新解决了儿童不爱吃早餐的难题。

牛小白以国民健康为基点，研发出孩子更爱吃、营养更全面的馒头产品。品牌摒弃了传统用水揉面做法，推出了"纯奶和面不加水"的独特工艺，让牛小白纯奶馒头面软、皮滑、不粘牙，而且保证每100克牛奶馒头含钙量达到132毫克的营养价值。在包装设计上，"金色卡通牛"的二次元新潮设计深受儿童喜爱。此外，牛小白纯奶馒头精准切入宝妈群体，通过社区团和社群电商的创意玩法，带动更多宝妈在社群中主动为牛小白"代言"，这种裂变式营销，让牛小白迅速通过网络扩展到全国市场，并且在线下批发市场和社区门店也实现了超高动销。

第四是产品服务，即产品力和新品类机会的判断。对市场现有产品和服务进行分析，判断大单品和小爆款机会。从旗舰产品、金牛产品、明星产品、跟随产品、多系列产品、价格段产品几个方面的分析中，围绕产品（服务）力在同品类或者同行业产品间找到增长方向和品牌优势。戴维·阿克曾在《创建强势品牌》一书中指出，用户对产品和服务的感知质量也是战略变量。尤其对耐消品和奢侈品行业来说，服务水平高低决定着品牌向上发展的机会大小。对产品创新机会进行判断，找到开创新品类或者子品类的全新商业机会，发挥品牌先发优势，确定增长方向。其中，立邦油漆就是通过开创刷新服务获得新增长，而糖友饱饱面条则通过抓住低糖、低脂、低碳水健康饮食机会，对面包、面条、饼干、面粉等传统品类食品进行了创新升级。

作为油漆行业巨头品牌，立邦一直将产品和服务视为发展的生命力。而近年来，企业从涂料商转型升级为服务商，更是在"刷新"服务上下足了功夫。在行业市场竞争持续升级背景下，立邦于2022年将品牌主张升级为"立邦，刷新为你"进一步凸显品牌广度，传递了立邦更趋向多元化的价值理念。针对阳台刷新、解决墙面问题、翻新墙面颜色、二手房刷新、儿童房刷新、艺术背景墙、别墅刷新、家具翻新等不同服务内容，立邦提出了个性化解决方案，进一步强调立邦体系产品+专业工艺涂刷，并在清洁归位后增加了八大验收环节。多年积淀并持续升级的产品力结合全面进化的服务力，立邦通过"刷新"服务全面打造差异化的竞争优势，形成产品+服务的双品牌溢价能力，进一步巩固了市场龙头地位。

和立邦相比，产品刚上市就获千万融资、2月爆卖100万袋的糖友饱饱则在健康饮食赛道取得创新突破。作为一个糖友主食专研品牌，糖友饱饱完全放弃了体量庞大的减肥食品消费市场，转而专注服务糖尿病群体。仅在中国市场，就有超1亿糖尿病患者和超5亿糖尿病前期患者。危险的慢性病限制了糖尿病人群享受美食的乐趣，这也成为糖友饱饱品牌发力的重点。经过不断研发创新，其推出的全系列低碳水食品均可起到控制餐后血糖、增加饱腹感的作用。评测显示，糖友饱饱系列主食和零食的碳水含量只有普通食品的6%—10%。为了保证产品功效，除了与高校联合创立研发中心之外，糖友饱饱还与北京协和医院共建低碳饮食干预项目，持续为该目标群体提供以糖友饱饱产品为基础的一对一饮食干预服务。精准发力市场，让糖友饱饱持续受到资本市场青睐，在完成一系列融资后，企业也进一步发挥品牌先发优势，确定了未来增长方向。

第五是用户，即目标人群和客户关系的判断。品牌增长最终体现在目标用户的争夺。从种子用户、源点人群、高势能人群、核心用户群、潜在用户以及品牌和用户的关系出发，可以找到增长方向和品牌潜在优势。

白酒消费市场的"叛逆者"光良酒就聚焦口粮酒的新生代核心目标人群，定位高品质口粮酒，瞄准牛栏山、红星二锅头等传统光瓶酒市场，持续破圈抢夺份额。光良酒从品牌成立之初，便深度挖掘光瓶酒的新消费群体，以"国民自用酒"为核心定位，进行产品打造和品牌营销。在产品端，光良酒坚持"白酒要好喝又不贵"的理念，推出以粮食基酒比例命名的"数据瓶"白酒，以口粮酒为核心，采用高粱、大米、糯米、小麦、玉米五种粮食进行固态纯粮酿造白酒，并推出20—30元不同价格带的高性价比产品。与此同时，通过社群沟通、内容营销等方法加强用户黏性，邀请邹市明等名人代言，轰炸式植入众多热播影视剧、综艺节目中持续扩大品牌知名度。同时针对目标消费人群强化与品牌的互动关系，以"请10万个光良用户吃饭"等定制化的市场活动引爆品牌势能。在多维并举下，这款为年轻人量身打造的白酒品牌，也终于成为市场爆品。

而乳饮品牌养乐多则通过"养乐多妈妈"[1]销售模式深化用户关系创造了增长奇迹。核心产品零售价仅2.2元的养乐多在日本是一个神奇的存在。其核心就是因为品牌牢牢抓住了"养乐多妈妈"这个庞大群体。数据显示，全球养乐多日销量高达2800万瓶，在日本除了传统商超渠道，社区也是养乐多深耕的重点，而"养乐多妈妈"直接送货到家的方式更是让品牌在良好社区关系中大放异彩。自1963年开始，"养乐多妈妈"销售模式就在日本市场确立。这种模式既为居家妈妈群体带来了就业机遇，又减少了中间流通环节，极大降低了养乐多开拓市场的成本。此外，"养乐多妈妈"和颜悦色，自带亲和力，更容易让消费者感到放心，她们也用"面对面"的销售服务模式拉近了品牌与消费者的距离，构建了和社区内目标消费者的牢固亲密关系，让养乐多友好和可信赖的品牌形象更加深入人心。

第六是心智，即品牌偏好的判断。 创建强势品牌就是要形成消费者选择偏好。企业可以从心智资源和心智规律[2]出发，分析顾客头脑中成熟的品牌印象和认知阶梯，对空缺的心智资源和差异化认知进行定位。那么用户的心智认知不仅会对商品功能利益做出积极反应，更会对情感情绪、文化价值观等品牌附加利益做出积极反应。企业可以在品牌认知、品牌形象、品牌口碑、品牌势能四种品牌偏好打造模式中找到战略方向和潜在品牌优势。

---

[1] 为顾客提供养乐多产品和销售服务的工作人员，以家庭主妇为主，因此她们也被亲切地称为"养乐多妈妈"。——编者注

[2] 心智资源是经由时间的积累和口碑相传，人们对某些事物形成较为固定的评价和认知中的正面部分。心智规律则有以下几条：1.心智容量有限；2.心智厌恶混乱；3.心智缺乏安全感；4.心智无法改变；5.心智丧失焦点；6.心智分类储存。

以国货品牌百雀羚为例，其调研发现，在国内护肤品市场上，消费者普遍被各种外资品牌的强势认知概念所包围着，而唯独中国传统自然植物草本概念不仅和外资品牌做了很好的区隔，而且国内尚未被强势品牌占据，百雀羚由此发现用户心智中仍旧存在着草本护肤定位的机会，最终将其定位为天然无刺激草本护肤品牌，并接连推出百雀羚护肤香脂、百雀羚凡士林润肤霜以及甘油一号等"草本护肤"产品。此后，通过一系列品牌营销活动不断宣传"天然温和不刺激"的东方护肤理念，其品牌口碑和品牌势能爆棚，成功完成老字号品牌形象焕新，一跃成为草本护肤第一品牌，实现业绩强势增长。2022年，百雀羚在"全球最有价值美妆榜"排名第14，连续两年成为该排行榜前15名中唯一上榜的中国品牌。

日本"无添加"护肤品牌芳珂（FANCL）神话的创造同样和心智差异形成的品牌偏好息息相关。二十世纪七八十年代，由于过度使用防腐剂等化学添加剂，化妆品公害成为严重的社会问题。当时市场上大量化妆品品牌都在推销美白、保湿、祛斑等功能，忽视了消费者健康护肤的需求以及敏感肌肤无法经常使用化妆品的痛点。FANCL创始人池森贤二的妻子也深陷皮肤过敏的烦恼中。为改变这一现状，池森贤二调查研究，并从中发现了差异化定位的机会，推出了主打"无添加"的FANCL，解决了一般护肤品对女士们造成的肌肤敏感问题。借助无添加的品牌理念，FANCL在消费者心智中抢占了一个独特标签记忆，并打造出一个健康护肤的品牌形象。硬核产品的研发推出让FANCL迅速在敏感肌肤用户群体中获得了良好的口碑，形成了一定的品牌忠诚度，品牌势能随着后续的营销活动持续走高，实现了业绩飞速增长。

第七是文化，即品牌扩张的判断。文化赋能让品牌扩张并实现增长是最高层次的品牌战略。因此，品牌扩张需要从更高维度的文化层面进行分析。从商品文化（功能、原料、产地、工艺、场景等）到族群文化（情绪与情感、兴趣爱好、风格品位、生活方式等）再到价值观文化（梦想、奋斗、健康、环保等人类所共有的精神价值观），品牌的每一轮升级和破圈都需要找到恰当的文化输出模式，当竞争对手都在强调功能、技术等商品文化时，企业可以从族群文化或人类价值观文化出发寻找战略方向和品牌优势以谋求增长。

20世纪80年代，耐克与锐步、阿迪等运动品牌巨头的市场竞争激烈。为了确保竞争优势，耐克推出了air气垫技术，这是耐克缓震科技矩阵中的王牌科技。而后在篮球鞋领域并不占优势的耐克为了大规模宣传air气垫技术，更是以天价合约邀请"飞人"乔丹代言。但职业篮球史上第一人并没有让耐克在市场竞争中实现领先。到了1989年，耐克开始另辟蹊径，转向文化层面进行突破，随后推出"just do it"（想做就做）主题广告，这支简单明了的广告语不仅展现了体育精神，还传递出一系列正能量文化和生活哲学。对于消费者来说，它意味着"我只选择它"，而对于有梦想和追求的人来说，它又有"来试试，去努力"的内涵。这种"想做就做，立刻行动"的理念传递了一种自由、奋斗、拼搏的运动精神，和"美国梦""奋斗、自由、拼搏"的美国主流社会文化价值观完美契合，它成为一种精神文化象征，获得了消费者和各个阶层的深度共鸣，耐克业绩也借此迅速腾飞。

第八是视觉，即品牌识别的判断。视觉差异化是市场和品类内同质化商品竞争中常用的方法。品牌可以通过IP人物视觉、包装视觉和传播视觉等创建优势品牌形象，形成强烈的品牌识别特征。好的品牌识别是创建强势品牌的基础。企业可以通过颜色、形状、符号以及独特的视觉成果，找到战略方向和品牌潜在优势。

在美国提及哈撒韦衬衫这个品牌，人们会下意识联想到一个戴着眼罩的男人的形象。1951年，时任奥美广告创意总监的大卫·奥格威灵感迸发，创作出"穿着哈撒韦衬衫的男人"，用穿衬衫的人而不是衬衫本身来界定品牌。这在衬衫广告界是第一次。戴眼罩的男人，是哈撒韦衬衫独特的品牌视觉形象识别，白色衬衣与黑色眼罩，给观众以视觉冲击；而眼罩造成的局部残缺与模特整体形象的完美，更引发了观众进一步探寻品牌秘密的兴趣。此后，在报纸和杂志上出现的广告，标题一律是"穿哈撒韦衬衣的男人"。由两三个不同的模特分别扮演乐团指挥、双簧管演奏家、画家、击剑手等角色。不管由谁来扮演，这位"穿哈撒韦衬衣的男人"的右眼上都戴着一只黑色的眼罩。一位英俊的男士，一只眼却被罩着，神秘的形象给人以浪漫而独特的感觉。这一独特的传播视觉使默默无闻了116年的哈撒韦衬衣在数月间名扬全美，销量暴增。

同样通过视觉形成独特的品牌识别，从而脱颖而出的品牌还有掌生谷粒。大米属于粗加工行业，市场品牌化率很低。随着消费升级，消费者对大米产地、品种、新旧程度、加工等都有了新要求。这就给品牌化的高端大米创造出极大的市场空间。掌生谷粒通过动人的品牌故事和创新设计建立起独特的品牌风格与品牌印象，也将中国台湾大米提升到了另一个高地。在包装设计上，掌生谷粒以古朴的牛皮纸袋搭配纸藤封口手柄，并通过书法字体手写产地，在每款大米包装上融入育苗、插秧、除草、施肥、结穗、收割等农业文化故事，讲述着关于米的故事，质朴的文案，清新的照片传递出品牌鲜明的个性和独有的品牌文化价值。这一极具功能性和审美性的视觉设计让掌生谷粒更具高端化和差异化，吸引了众多粉丝用户。

第九是渠道，即业务模式的判断。新商业时代，对渠道组合的研究和新通路新零售终端的分析愈发重要。企业可以通过拓展特殊渠道、创新自有渠道、线上新零售渠道、直销渠道、线下新终端等方法，围绕业务模式创新找到增长方向和品牌潜在优势。

新零售、新模式驱动线上消费爆发式增长，给传统零售业带来了颠覆性的挑战和机遇。尤其是在肉制品市场，随着消费场景多元化，零食、小吃、代餐、正餐都可能成为核心消费场景，单纯依靠传统线下零售渠道已然无法满足多元化需求。本味鲜物、肉班长、肉敢当就在天猫、抖音、社区团等众多线上渠道全面建设在线新零售矩阵，在触达更多消费群体的基础上也积累了庞大的私域用户流量。

王家渡是线下新零售破局的代表品牌之一。其午餐肉避开梅林、双汇、雨润在传统KA[1]大卖场的垄断，选择从快速发展的高端超市破局。其率先进入山姆会员店，成为货架上唯一推荐的冷藏类午餐肉，也成为山姆会员店畅销款产品。在经过精准研究核心消费群体需求基础上，王家渡结合旗下特色产品优势，进入伊藤洋华堂、盒马等线下零售渠道，并布局京东、

---

[1]　KA即Key Account，指"重要客户"，一般指单店面积超过3000平方米的大型连锁超市和卖场。

天猫、拼多多等线上平台。此外，王家渡食品还为B端[1]餐饮企业客户量身打造一体化服务方案，进一步满足餐饮企业的个性化和多元化需求。目前，王家渡食品已经服务于上海全家、康师傅牛肉面、田老师、和府捞面、头一号等餐饮客户，进一步丰富了渠道网络。

第十是供应链，即要素品牌[2]的判断。

供应链上游企业往往有不可忽视的关键要素，比如原料领先、技术领先、OEM[3]品质稳定、工业设计领先、ODM[4]解决方案领先等，拥有绝佳声誉的供应链企业也是要素品牌，比如英特尔、高通对于电脑和手机品牌来说就是很重要的要素品牌，可以为品牌方提供强大势能。企业可以借助供应链一方来整合效率、提高品质以找到战略方向和潜在品牌优势。

在手机行业，摄影功能一直是衡量一款手机性能与市场价值的重要指标。而徕卡与华为的战略合作堪称供应链领域的经典，也是华为对要素品牌精准判断的成功典范。徕卡是摄影界的传奇品牌，其以顶尖的镜头和卓越的光学技术闻名于世，是一个强大的要素品牌。华为推出华为P系列和Mate系列手机时，选择与徕卡合作，弥补了手机摄影镜头供应链的不足，既通过利用徕卡这一要素品牌的优势在镜头领域加强了品牌优势，满足了

---

[1] 企业用户商家，英文是Business，指的是中小型企业市场，包括各种规模的企业，从创业公司到中型企业。——编者注

[2] 要素品牌或称成分品牌，是指某些品牌产品中必不可缺的材料、元素和部件等构成要素所制定的品牌。

[3] 原始设备制造商，简称OEM（Original Equipment Manufacturer），指定点生产，俗称代工（生产）。品牌生产者不直接生产产品，而是利用自己掌握的关键的核心技术负责设计和开发新产品，控制销售渠道。——编者注

[4] 原始设计制造商，简称ODM（Original Design Manufacturer），指某制造商设计出某产品后，在某些情况下被其他企业看中，要求配上后者的品牌名称来进行生产。——编者注

高端用户对于摄影功能的需求，又进一步提升了品牌的高端形象和核心价值。

同样，在汽车产业供应链，马克莱文森作为雷克萨斯的"御用音箱"，同样是雷克萨斯在豪华市场取得成功的要素之一。在追求动力性和舒适性的基础之上，消费者开始将汽车作为"第三生活空间"，对品质生活的追求越来越高。听音乐是车内生活的刚需，高品质音响逐渐成为汽车消费市场，特别是高端市场的核心竞争要素。马克莱文森是美国乃至全球屈指可数的殿堂级音响品牌厂家，在全球拥有无数拥趸，是一个具有强大势能的要素品牌。雷克萨斯选择马克莱文森作为唯一音响合作伙伴，旗下多款高配车型均搭载马克莱文森的音响系统，这一举措借势强化了雷克萨斯自身豪华的品牌地位，也由此积累起强大的品牌势能为而后豪华品牌的竞争奠定了要素基础。

然而，对于企业和品牌来说，10S战略结构分析模型中的各个商业视角并非分裂和独立的，而是相互关联、相互作用的，它们共同构成了一个企业洞察商业环境的全貌。不同赛道和品类，10S战略结构分析模型的分析方法侧重点各不相同，企业需要结合行业、市场与企业自身的实情与特点去找到战略增长方向和品牌优势。

存量市场竞争和增量市场抢占

增量和存量是经济学中的两个重要概念。增量指某一时期内新增的数量或增长的速度，存量指某一时点上的总量或积累量。企业需要在增量和存量之间保持平衡，以实现可持续的增长。然而在市场端，每个行业的品类容量和销售规模总体都是有限的。当下中国大部分行业进入存量市场时代，企业进入了红海竞争阶段。而消费升级和新消费群体的出现又诞生出大量新的商业机会，行业内原本老化和成熟的品类迎来了一次全新升级的机遇，企业可以通过把握新的品类市场商机创造增长或者在成熟品类市场里利用产品组合优化和产品微创新以提升产品力来实现增长。

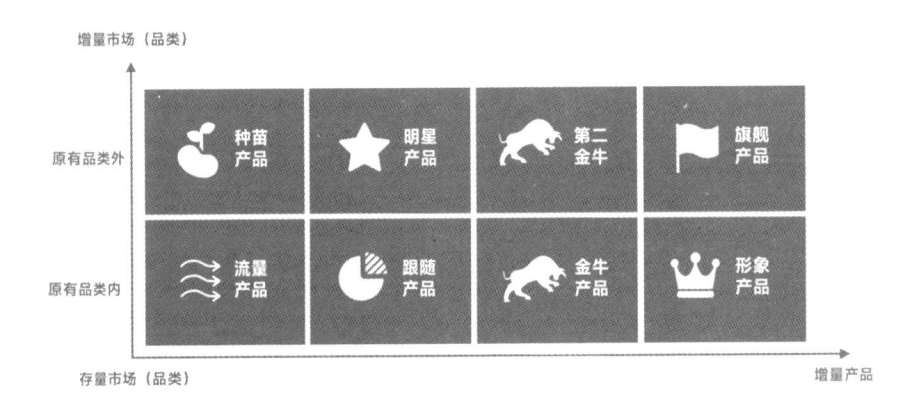

图6-2　百思特增长矩阵

百思特增长矩阵（图6-2）是产品布局规划、市场增长和品类创新方向的分析工具。这一模型工具用于对产品组合、市场增长、品类拓展三方面进行系统性分析。企业在考虑增加新品投放和品类外拓投资决策的时候，不能以单纯财务指标和短期业绩指标作为考量标准，更要考虑品牌增长潜力和整体产品布局优势。

根据百思特增长矩阵可以看出：原有品类内产品组合是品牌原有的成熟产品或已经能被用户认知的代表性产品，也是品牌在存量市场的基盘业务。这些产品往往基于品牌偏好展开市场竞争。相较而言，原有品类外产品组合是品牌利用相关性原则而新延伸的业务，以此帮助品牌摆脱红海竞争，获取增长。但随着品牌发展和对手跟进，原有品类外产品最终也可能会转化为品牌偏好之争。

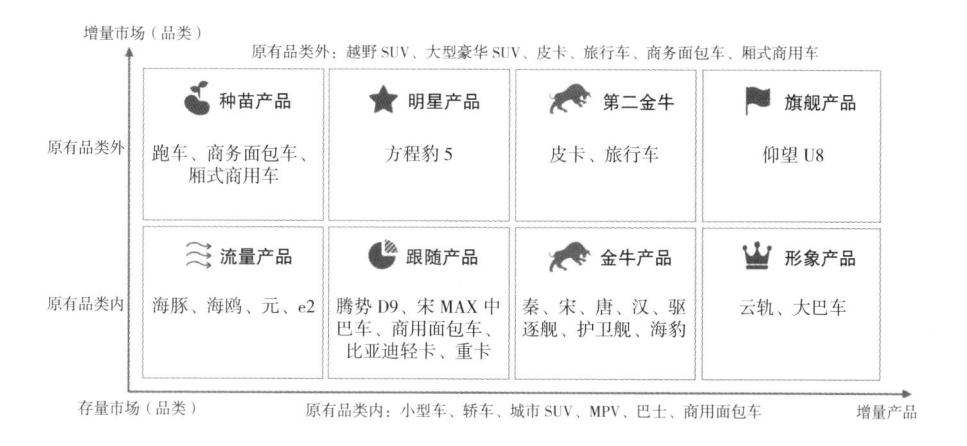

	增量市场（品类）			
	原有品类外：越野SUV、大型豪华SUV、皮卡、旅行车、商务面包车、厢式商用车			
原有品类外	种苗产品 跑车、商务面包车、厢式商用车	明星产品 方程豹5	第二金牛 皮卡、旅行车	旗舰产品 仰望U8
原有品类内	流量产品 海豚、海鸥、元、e2	跟随产品 腾势D9、宋MAX中巴车、商用面包车、比亚迪轻卡、重卡	金牛产品 秦、宋、唐、汉、驱逐舰、护卫舰、海豹	形象产品 云轨、大巴车
存量市场（品类）	原有品类内：小型车、轿车、城市SUV、MPV、巴士、商用面包车			增量产品

图6-3 比亚迪产品矩阵

以新能源汽车品牌比亚迪产品矩阵（图6-3）为例，我们可以借此分析出未来比亚迪车型的增长路径。

在政府利好政策和行业发展趋势的推动下，中国汽车整体市场规模近几年连续保持在2500万辆左右。汽车市场早已进入存量竞争时代，以传统燃油车为代表的外资品牌和国产新能源汽车为代表的自主品牌成为这一存量市场里角逐的两股势力。而近几年新能源汽车发展势头迅猛，逐步成为主流市场。我国新能源汽车产销规模已连续8年稳居全球第一，并且建立起结构完整、有机协同的新能源汽车产业体系，市场规模持续保持增长态势。

当前，新能源轿车、MPV、城市SUV、小型车、巴士这些品类市场已经成长为规模化的市场，而比亚迪在这几个成熟品类市场都拥有成熟产品。例如，比亚迪小型车领域的海豚和海鸥，比亚迪轿车领域的驱逐舰以及秦和汉，比亚迪MPV领域的腾势D9和比亚迪宋MAX，比亚迪城市SUV领域的宋元唐和护卫舰，比亚迪中巴车和大巴车等。无论是市场销量还是品牌影响力，比亚迪秦、宋、唐、汉已成为新能源汽车市场代表性车型，拥有各个品类市场领先的市场地位和销售规模，这些车型也构成了比亚迪200万辆销售的基本盘。从比亚迪官方宣布2022年3月起停产燃油车只生产以纯电动和插电式混合动力汽车开始，比亚迪仅用了两年时间就在新能源车型品类市场取得了从40余万台到180余万台的超级增长业绩成果，一跃成为最受欢迎的新能源汽车品牌之一和市场领导者。

新能源汽车赛道竞争对手众多，比亚迪在极短时间成为中国新能源汽车市场冠军，改变了中国汽车市场上外资品牌合资车型占据优势地位的竞争格局。近年来，中国自有汽车品牌也纷纷开始学习比亚迪积极转战新能源汽车市场，希望通过换道超车实现对外资品牌的集体超越。随着各个中国主机厂品牌纷纷推出新能源轿车、城市SUV、MPV车型，与比亚迪在成熟品类车型市场形成了激烈竞争格局，新能源汽车市场成为厮杀惨烈的红海市场，行业内卷持续升级。其中，长城、吉利、长安、上汽、一汽、广汽、东风等有实力的主机厂家都不愿意被时代抛弃，更希望在这场转型升级浪潮中成为所剩不多的胜利者。面对竞争对手的全面发力，比亚迪虽然拥有了领先的地位，但是并未停止脚步，又制定了雄心勃勃的海外扩张计划和国内市场增长战略。

在增量市场上，在原有成熟车型品类之外，比亚迪利用积累的技术优势和强大的新能源品牌势能开拓全新的越野车品类市场，跳出与吉利、长安、一汽、上汽、广汽、东风等在原有成熟车型品类的红海竞争困境，直面长城、丰田、Jeep、奔驰、宝马、奥迪、路虎等占据优势的越野SUV竞争对手，开始新的进取历程。比亚迪先后推出百万豪华SUV仰望和方程豹硬派SUV，在市场上初战告捷。未来，比亚迪有可能进一步进入旅行车、跑车、商务面包车、厢式商用车、皮卡、轻卡、重卡等新品类，成为类似于丰田、奔驰、大众、通用的全品类全系列车型新能源汽车品牌，比亚迪在新能源车型持续发力也将中国汽车品牌带到了全新高度，成为国际化的领先品牌，未来可期。

下面，我们从比亚迪的各个产品、品类，结合其相关市场策略，具体分析比亚迪是如何通过存量市场竞争和增量市场抢占，不断开发推出新品类车型，实现品牌持续增长的。

流量产品

流量产品是品牌为应对渠道流量承接和吸引价格敏感型客户进入品牌消费体验而推出的入门级产品，往往以高性价比为典型特征。品牌为了获取新增用户更多的消费购头，建立有效品牌认知体验，往往需要培育更多进阶忠诚用户，去实现初级用户向更高品质、更高价格产品的消费转移。而流量产品则承担着品牌教育市场，吸引新消费客群，并与竞争对手展开激烈抢夺的责任。

纵观汽车品牌市场，大众有高尔夫、高尔、POLO、甲壳虫、西雅特、斯柯达晶锐等多款车型；丰田拥有AYGO、威驰、雅力士、威姿、森雅等多款小型车，这些主打性价比的入门级产品为大众和丰田品牌输送了源源不断的新增用户。对此，比亚迪采用与大众和丰田一样的产品战略，推出多款流量车型。其中，元系列就是比亚迪王朝系列中的一款小型入门级SUV。其定位为年轻时尚，外观设计个性鲜明，内饰充满活力，非常适合年轻人和家庭出游使用。

在元系列大火之后，比亚迪也在入门级流量车领域开始了多产品组合发展，并针对市场痛点加大了创新研发力度。比亚迪于2021年推出了10万以下小型车——海豚，而后针对小型纯电车令人诟病的续航能力和空间表现，又在2023年4月下旬推出了售价7.38万—8.98万元的全新纯电动小型车——海鸥。作为比亚迪e平台3.0打造的车型，海鸥采用了和海豚一样的"海洋美学"设计理念，拥有超高颜值，其车身尺寸也得到了全面提升，拥有了更好的空间性能，两款电池组选择更是实现CLTC纯电续航里程[1]分别为305千米和405千米。各种选择性智能配置单元的融入，让海鸥一跃成为入门级小车市场的新宠。

从汽车行业的消费结构来看，小型车市场是全球汽车品牌必争之地。除了大众和丰田，宝马mini、奔驰smart等汽车品牌都在争夺这一市场，究其原因，在于小型车市场深受年轻人和女车主的喜爱，而年轻人和女车主恰好是汽车市场最大的新增客户群体，也是品牌方培育消费者忠诚度的最佳目标群体。而比亚迪在这一市场布局了两款如海豚和海鸥的小型车，可见其对流量产品的重视程度。

---

[1] CLTC续航里程是指在中国轻型汽车行驶工况（CLTC）测试下，车辆能够行驶的最远距离。纯电续航则是指电动车在纯电力驱动下的最大行驶里程，通常在特定的测试条件下进行评估。——编者注

跟随产品

跟随产品通常作用于充分竞争市场，为了赢取更多细分市场份额或者打乱对手节奏，企业需要对拥有一定市场份额和先发优势的主要竞争者产品进行跟随，通过跟随产品的投放进入对手市场，缺乏跟随产品布局的企业，将面临失去主流用户群和被市场边缘化的经营风险。

以近年来持续升温的MPV品类市场为例，其在中国整体汽车市场规模中份额有限，销售数量约100万台。其中，五菱、别克GL8和丰田埃尔法长期占据着低中高三个细分市场领先地位，奔驰通过长期努力在高端商务MPV领域拥有了一席之地。2013年，我国正式推行"双独二孩政策"，促使家用MPV车型需求持续激增，发现这一商机后，比亚迪紧跟各大品牌步伐开始布局家用MPV市场，2017年，比亚迪正式推出宋MAX。在保持时尚龙脸设计的基础上，宋MAX以不错的动力、实惠的价格和出色的空间配置受到消费者的广泛关注，实现月销过万。

比亚迪虽是MPV市场的后来者，但逐渐呈现出后来者居上之势。随着宝骏730和长城腾翼V80以及长安欧尚等多款国产家用MPV的没落，宋MAX逐步成为家用MPV市场少数仅存的自主品牌MPV车型。随着国家人口政策的调整，多孩家庭迎来小高峰，中高端MPV市场成为高利润且竞争并不充分的市场。因此，吉利极氪、上汽荣威、东风岚图、一汽红旗、广汽传祺等纷纷进入，促使中高端商务MPV市场迎来一个小高潮。比亚迪紧跟潮流，顺势推出了腾势D9豪华商务MPV。这款MPV凭借着新能源技术优势和绝佳的造型设计以及优异的豪华内饰做工，一经上市就好评如潮。

比亚迪在MPV市场从一开始的跟随者，到后期逐渐超越老牌车型别克

GL8，成为该市场的强势者，改变了MPV市场竞争格局，其MPV车型的成功也让比亚迪的品牌势能一路走高。国产品牌替代外资或合资品牌不仅体现在轿车和SUV领域，同样在长期被别克、丰田和奔驰把持的中高端商务MPV市场上，自主品牌也迎来了高光时刻。然而在中巴和商用面包车以及轻卡和重卡品类市场上，还有大量竞争对手存在。商用面包车、轻卡和重卡都是规模级市场，比亚迪并非新能源先行者，在这些新兴市场推出的一系列跟随产品目前也仍处于培育阶段，可见，比亚迪要想在这些领域建立起竞争优势并实现规模级增长，还需要更多投入。

金牛产品

金牛产品是品牌拥有最佳市场表现和财务表现的现金流产品，是企业营收利润增长的支柱。领导品牌的金牛产品往往拥有细分市场的领先份额，可以代表整个品类。在原有品类内的市场竞争中，通过在核心用户群中塑造一个拥有独特定位的"金牛产品"形象，往往有助于企业抢占最佳心智资源位置，确立品牌认知优势地位，从而创建起一个强势品牌。

轿车和城市SUV品类占据中国汽车市场80%以上的销售份额。在市场竞争格局中，外资品牌合资车型在这两大品类市场长期表现良好。其中，丰田花冠、大众帕萨特、日产轩逸、别克君越，以及本田思域等外资品牌车型长期霸榜轿车品类市场；丰田荣放、本田CRV、大众途观、福特翼虎、日产逍客则是城市SUV品类市场常年的畅销车型。在国产自主品牌中，长安、吉利、传祺、荣威、红旗等都选择了在轿车品类市场突破，打造出了一系列畅销车型。其中，长城、长安在城市SUV市场中也小有成就。然而在燃油车时代，比亚迪旗下的多款轿车和城市SUV车型表现平平，并不受市场待见。

2021年，新能源汽车市场爆发，比亚迪自此迎来了春天。旗下轿车车型秦、汉和城市SUV车型宋、元、唐开始集体发力，各个主力车型一路高歌猛进，一举挺入畅销榜前列，成为比亚迪旗下名副其实的"金牛产品"。

在家庭轿车市场，比亚迪秦系列实现了对丰田花冠和大众速腾以及日产轩逸等外资品牌车型的完美替代；汉系列和海豹则实现了对丰田凯美瑞、大众帕萨特、本田雅阁、日产天籁和别克君越的完美替代；在新能源城市SUV市场，比亚迪的宋、元、唐实现了对丰田荣放、本田CRV、日产逍客、大众途观等车型的完美替代。

由此可见，在家庭轿车、中大型轿车、城市SUV各个车型品类上，比亚迪都通过旗下的金牛产品上演了逆袭替代。这些金牛产品让比亚迪快速建立起了强大的品牌势能，塑造起新能源汽车市场的领导品牌认知。此外，比亚迪的畅销更是一改中国汽车品牌长期在中高端轿车和中高端城市SUV品类市场的落后形象。尤其是宋MAX沿用的家族式龙脸造型设计，引起了消费者强烈的情感共鸣，宋MAX一度被称作"商务车界最美MPV"。在中国的传统文化体系中，中华儿女是龙的传人，龙作为民族文化传统，不仅在国内有深厚的文化基础，也是中国的对外文化名片之一。可以说，比亚迪极具视觉冲击力的龙脸造型设计不仅开创了自主品牌外观设计的中国风格之路，更提升了中国汽车自主品牌品位和自信。

形象产品

形象产品服务于品类内的高价值用户群体，往往代表了一个品牌的最新科技成果或者美学设计成果，是品牌占据高端细分市场获取超额收益回报的一项长期投资。形象产品往往不会占据品类内整体市场绝对销量份额，但可以带动品牌势能整体向上，有益于金牛产品和跟随产品更好动销。受到市场饱和竞争或产品生命周期因素影响，形象产品优势不再明显时，也可能从高端细分市场进入主流市场，成为符合竞争态势的其他产品。

比亚迪早期品牌势能主要来自国外持续走红的巴士以及国内独家的云轨电车。早年，比亚迪依托坚实的技术研发体系进行巴士持续改进升级。尤其是将产业重点转移到电动巴士后，企业不仅逐步搭载了比亚迪全新一代磷酸铁锂电池，还不断优化比亚迪在纯电动客车领域首创的动力电池热管理系统。在此基础上，为了将产品推向全球，比亚迪坚持本土化市场战略，根据每个城市不同的气候、排放标准、出行习惯、主流充电方式等，为当地提供与之匹配的产品以及可持续的交通解决方案。以比亚迪K9电动巴士为例，它通过了中国、美国以及欧盟的严苛安全"考试"，是全球首款集欧美等多个发达国家认证于一身的纯电动大巴，遍布全球6大洲，在超过200座城市运行。比亚迪通过巴士出口在海外积累起了一定的品牌声誉，随着大巴穿梭于各大城市中，也逐步塑造起一个品牌科技环保形象，为其领先的新能源技术赢得了赞誉。随着国内新能源巴士替换潮的来临，比亚迪巴士毫无疑问地成了首选品牌。

除了巴士领域的布局外，比亚迪还聚焦轨道交通产业市场布局，打造了子品牌"云轨"。云轨的运输能力接近地铁系统的中运量城市轨道交通系统。2017年，比亚迪云轨一号线花博园段在宁夏银川正式通车，成为全球第一条商业运营的云轨线路。截至2023年，比亚迪已经在国内多个城市布局云轨网络。

可以说，早在2021年新能源汽车市场快速增长之前，巴士和云轨已经为比亚迪新能源技术领导者的形象做了很好的背书。形象产品的成功推广，为比亚迪品牌势能的持续增长注入了活力。

种苗产品

种苗产品属于品牌要孵化的原品类外的新产品，需要面向增量市场或有潜力的新品类进行投放。增量市场往往来源于更多场景或者人群覆盖，有潜力和投资价值的增量品类是原有成熟品类的分化或者升级。全新品类需要进行大量用户教育或者市场验证，种苗产品孵化往往会成为品牌谋求增长的核心工作。

衡量种苗产品孵化是否成功，不仅要看种苗产品能否帮助品牌活化形象，吸引更多增量新用户，还要看它能否帮助企业利用品牌相关性跳开竞争，进入目标市场获得先发优势。比亚迪要想获得持续增长，除了在已有成熟的轿车、城市SUV、MPV市场角逐中保持领先定位以外，还需要进入自己未曾涉足的其他车型品类去获取增长市场。

比亚迪之所以在轿车、城市SUV、MPV市场表现上佳，和其常年在这些成熟品类车型的积累有关。目前，比亚迪尚未涉足的品类有旅行车、跑车、商务面包车、厢式货车等，而这些品类车型开发和市场验证都需要时间积累。面对新品类创造的新增市场，都需要比亚迪能够在保持技术优势的同时更多验证整车车型品质和保持良好用户体验。因此，比亚迪在进入新品类市场时，也像当年培育宋MAX和秦一样培育种苗产品。

在跑车市场，已有兰博基尼、保时捷、法拉利等受人追捧的专业跑车品牌，也有豪华品牌宝马、奔驰、奥迪、阿尔法罗密欧、雷克萨斯和主流品牌本田、日产、丰田等推出的跑车车型。这些海外独资或合资品牌经历了市场考验，在全球拥有一定的受众。而反观国内自主品牌，红旗和蔚来虽然也开发了跑车车型，但尚未进入市场发售。相比国外成熟的汽车文化和跑车市场，国内自主品牌还需要积极孵化培育。

事实上，比亚迪也在积极尝试探索布局跑车市场。2023年1月发布的比亚迪仰望U9，其定位就是纯电动超跑。在设计上，整车外观保留超跑的设计元素，又增添了未来电动超跑的整体感。比亚迪仰望U9的零百加速达到2秒级，已经超越了兰博基尼Revuelto、阿斯顿马丁Valhalla等绝大多数新能源超跑。

随着国际声誉的积累和品牌势能持续走高，比亚迪作为中国自主汽车品牌中的佼佼者，未来极有可能携新能源技术优势强势杀入跑车市场改写全球跑车市场竞争格局。然而虽然比亚迪拥有超强的技术实力和造车能力，但奢华品牌的运作能力和对高势能用户的把握能力都将会对其进入顶级汽车市场造成极大挑战，但毫无疑问的是，跑车将是比亚迪未来重点孵化的种苗产品。

明星产品

明星产品是品牌面对消费新趋势和市场结构变化最有力的竞争武器。明星产品经过早期孵化已经培育出成熟的核心用户群，能帮助品牌在原品类外和增量市场之外获取新的市场，形成先发优势，从而助力企业在市场竞争中表现出巨大发展潜力。

明星产品是原品类外持续追加营销投入就能帮助品牌收获增长业绩的

产品。在汽车市场，除轿车、城市SUV和MPV等成熟品类车型市场之外，仍存在一个被少数品牌垄断的高毛利市场——硬派越野SUV市场。消费者对传统燃油车的越野SUV如丰田陆巡、普拉多、Jeep牧马人、奔驰大G、路虎发现者等海外品牌有着极高的忠诚度，同时由于越野SUV市场整体销售规模不大、竞争对手少、车型利润高、技术壁垒高，使得市场呈现出巨头垄断格局。

然而从行业发展趋势来看，随着新能源技术的成熟，传统越野SUV市场也将迎来新能源升级换代时刻。这对于在新能源汽车市场多个品类赛道全面确立优势的比亚迪，是个绝佳机遇。

在2023年8月，比亚迪正式发布全球专业个性化品牌"方程豹"及其核心专属技术DMO超级混动越野平台。可以说，比亚迪选择进入从未涉足过的传统硬派越野SUV品类市场是对自身品牌、产业以及技术创新优势的充分自信。方程豹5的推出，让比亚迪在新能源越野车市场拥有了先发优势。相比于奔驰、丰田、Jeep以及长城等品牌旗下的传统高油耗的车型，方程豹5在越野四驱技术上和综合性能指标上都有明显超越，其最大的看点就是DMO平台。

作为以电为主的专业级越野平台，DMO整合了比亚迪集团二十余年的前沿技术积累，以及在插混领域数百万量级应用的经验积累。DMO搭载了全球首款纵置EHS（Electric Hybrid System）电混系统、行业首创的越野专用后驱电总成、CTC（Cell to Chassis）越野专用双层电池包，以及行业领先的1.5T、2.0T纵置骁云高功率发动机，带来媲美燃油越野车5.0T发动机的500+kW系统功率，以及同级最强的32000N牵引力。它以"一专多能"的全面技术能力，打破横跨在新能源汽车全场景用车受限的终极难题，成为多领域、全场景、全工况车型的硬派越野SUV平台。

比亚迪方程豹5重塑了越野汽车的价值判断标准，成为业界耀眼的明星产品，并且打破了长期被少数品牌把持的越野车局面，使得消费者在同价位将拥有更好的选择。越野车市场"价格断层"现象非常突出。路虎发现运动版、Jeep牧马人、丰田普拉多等合资及跨国车企主打车型价格普遍在40万—60万元。自主品牌哈弗猛龙价格低于20万元，东风猛士917售价高达63.77万元。而在30万—40万元区间，除了长城坦克之外，还有方程豹5。自方程豹5发布以来，一路呈现出良好的发展潜力，随着比亚迪持续投入，方程豹5未来也有望完美替代外资品牌的越野车。

第二金牛产品

原品类外增量市场的开拓基本原则就是培养第二金牛产品，这是衡量增量市场投资是否成功的标志。如果品牌能够在原品类外的市场竞争中成功打造出第二金牛产品，就能够引领品牌进入下一个大规模增长周期，实现企业利用品牌相关性开创新品类的战略目标。

从目前比亚迪的车型品类结构和市场战略来看，在原有成熟的车型品类市场之外，比亚迪要想寻找规模级增长的可能，皮卡品类市场仍有机会，也只有皮卡、轻卡和重卡品类市场规模可以支撑第二金牛产品的目标。

虽然皮卡市场只有50万台左右的市场规模，但随着城市解禁、新能源红利以及四五线城市建设开发等因素的推动，皮卡市场将成为一个拥有更大增长可能的新品类市场。相比于美国巨大的皮卡品类市场规模，中国皮卡品类市场前景值得期待，消费群体的规模需求还需要政策进一步开放才能释放，而比亚迪选择在这个时机用新能源皮卡切入市场，也正是抓住了皮卡品类市场新能源转型升级的红利。

此外，旅行车品类也是比亚迪开拓第二金牛产品的可选品类赛道之一。目前在欧洲市场，旅行车拥有仅次于SUV和轿车的销量规模。在欧洲市场，旅行车品类销量占全球销量的近2/3。其中，沃尔沃、奥迪、宝马、奔驰、大众、斯柯达、丰田、雷诺、雪铁龙等在欧洲纷纷推出旅行车。而沃尔沃和奥迪更是创建起了强势品牌。

在国内市场，旅行车消费市场还处于初级发展阶段，但也展现出了强劲的上升势头。从国内第一辆旅行车别克赛欧上市到菲亚特周末风的火爆，足以证明该品类车型在国内的人气基础，只是每个品牌厂家并未投入足够的耐心进行市场培育。随着中国近两年户外露营和周边游需求旺盛，中国家庭周末休闲生活方式已经与欧美同步，旅行车的舒适性、大容量、操控性都远远优于轿车，新能源的优势刚好契合户外露营和郊区周边游对用电的需求。

而主打高配置操控好优势的沃尔沃、奥迪、宝马、奔驰旅行车纷纷采取了高定价，大大抑制了国内旅行车的需求井发，而宝骏Valli瞄准10万价位旅行车市场，曾企图将国内旅行车市场点燃，但最终由于产品力不强和品牌口碑平平等因素导致高开低走的局面出现。本土品牌发展之路并不平坦，但这反而印证了旅行车将成为汽车存量市场内极少数拥有增长潜力新品类的判断。

尤其是旅行车品类与新能源消费潮流的融合，新能源技术加上电动四驱的优势让比亚迪在旅行车品类拥有极强的品牌相关性。比亚迪如若能及时发现新能源旅行车品类市场巨大潜在机会和商业价值，进入一个只有极少数竞争对手的新品类，推出高配置且高性价比的旅行车，确立品牌的先发优势，从而引领这一品类发展。那么将成为比亚迪第二金牛产品的这一全新车型，将会助力比亚迪再次创造不亚于豪华运动SUV仰望U8和越野SUV方程豹5的品牌势能，大大加快其进入欧洲市场的节奏。毕竟欧洲人更追捧旅行车，德国、法国、意大利、西班牙、瑞士、比利时街头随处穿梭的旅行车，比亚迪应及早进入这一品类市场。

旗舰产品

旗舰产品是品牌进入原有品类外的市场实施相关性战略的重要产品，通常是其技术最先进、最具行业创新性和最受行业赞誉的产品。旗舰产品对品牌形象扭转升级、整体势能提升以及在行业和市场上强势地位的创建助益极大。作为品牌在原有品类外推出的代表性产品，旗舰产品通常能够带动已有品类或现有品类内系列产品的销售，形成对整体全局销售的加持助推作用。与此同时，其高定价、高品质和领先性的产品优势可提升品牌的信任度、美誉度和忠诚度。旗舰产品的成功，可以为企业的产品研发团队提供更为明确的关于风格、造型、技术、规格、配置等品牌差异化路线，从而推动整体产品的升级和优化。

高端豪华车市场一直是全球汽车主流品牌的必争之地，在长达几十年时间里，宝马、奔驰和路虎等一线外资品牌长期享受着高端豪华汽车市场尤其是大型豪华SUV市场的超高红利。反观国内市场，2010年，本土车企吉利以18亿美元并购沃尔沃进入高端豪华车市场，正式吹响了中国车企在高端豪华车市场布局发展的集结号。然而，本土车企在中高端市场的发展不尽如人意。领克和极氪算是勉强站稳了脚跟；长城魏派（WEY）系列仍在苦苦挣扎；红旗面对新能源转型力不从心，在高端豪华市场虽有建树但未能撼动市场竞争格局；蔚来和理想虽凭借着新能源汽车红利和自身车型优势走上了自主豪华品牌的新模式新道路，但在高端豪华车市场依然无法撼动BBA以及保时捷、雷克萨斯、路虎、沃尔沃等传统豪华品牌的垄断地位，整体市场竞争格局并未改变。

和其他本土品牌相比，比亚迪作为中国自主新能源汽车的领军品牌，除了在常规车型品类市场攻无不克，同样放眼布局全行业挑战最大的高端豪华市场。

2023年1月5日，比亚迪正式发布全新旗舰产品——首款百万级高端豪华SUV车型仰望U8，同时亮相的还有其搭载的全新豪华SUV技术平台"易四方"。该技术平台为比亚迪独立自主研发，拥有四电机独立控制、极限防滑控制以及车身稳定控制这三大核心技术。作为一款百万级新能源硬派豪华越野车，仰望U8整体造型设计前卫科幻，兼具力量美感和舒适豪华，其采用了方正硬朗的线条设计，拥有超大车身尺寸及超长轴距，整体气势上完全不输于路虎揽胜的方盒子设计美感。在细节上，点阵式进气格栅与星际穿越大灯无缝衔接，将宇宙能量爆发的姿态淋漓呈现，科技感、未来感与豪华感相得益彰，形成了比亚迪仰望独有的品牌识别特征。

仰望U8这一百万级高端豪华车型的发布让比亚迪再次震撼全行业和全球汽车市场。作为比亚迪旗下引领全球豪华越野车技术的旗舰产品，仰望U8不负众望，一上市发布就迎来了客户的火爆预定，这极大冲击了进口豪华汽车市场大型SUV品类的竞争格局。

仰望U8的横空出世，让此前纵横大型豪华SUV市场的路虎揽胜、宝马X5和X7、保时捷卡宴、奔驰GLS、雷克萨斯GX和LX系列、沃尔沃XC90、奥迪Q7等遭遇历史上最大挑战，也让比亚迪的品牌势能持续走高，大大助推比亚迪旗下全系列车型的持续畅销。可以说，比亚迪仰望U8再次引领了国内高端豪华SUV车型的造型风格和越野技术路线以及内饰配置标准，注定会在中国汽车历史上留下一抹重彩。

品牌偏好的终极竞争

戴维·阿克在其代表作《品牌相关性：将对手排除在竞争之外》一书中指出：品牌之间的竞争可以分为两类，品牌偏好竞争和品牌相关性竞争。很多品牌走上下坡路，并不是因为它们失去了传递品牌价值的能力，不是因为品牌忠诚度的下降，往往是因为它们与品类或子品类的相关性减弱了。随着顾客被新的品类或子品类吸引，这些衰退品牌所销售的产品已经不再是顾客优先购买的产品。它们因为丧失了品牌活力和能见度，被顾客排除出考虑范围。这些品牌的失败源于错误的品牌管理，它们未能意识到真正的问题所在：无效的营销计划、资源浪费以及投入方向的错误。[1]

而在现实的商业环境中，无论是老品牌利用相关性原则进入新的品类或子品类赢得了新用户青睐，还是新品牌通过对新品类的占领获得了一定市场地位，新老品牌之间的商业竞争最终都会演变成对用户注意力和选择

---

[1] 戴维·阿克.品牌相关性:将对手排除在竞争之外[M].金珮璐,译.北京:中国人民大学出版社,2014.

购买偏好的争夺。

与此同时,戴维·阿克还在其《品牌大师》一书中同时指出:对企业来说,从注重短期销售等战术措施变为注重品牌价值和其他长期财务绩效指标的战略措施是一项里程碑式的变革。这个变革的目的是建设强势品牌,而强势品牌将成为企业长期竞争优势和提高利润点的基础。[1]从其论述中不难看出,创建强势品牌是赢得商业竞争的根本,因为大多数人更愿意追随并投票给强势品牌,消费者也更愿意相信强势品牌。

那么,如何高效创建强势品牌?戴维·阿克在其《创建强势品牌》一书中也给出了明确步骤。他强调:首先,基于用户对竞争对手和自身品牌资产做出体检分析;其次,梳理好品牌愿景、形象、品牌联想和个性,形成有效的品牌识别系统,提炼出能够引起消费者共鸣的品牌价值主张和信任背书;然后,制定出适合的品牌定位并对外积极传播,保持连续性、一致性和长期性。为了避免品牌陷入"产品属性陷阱",品牌形象和个性、感知质量(口碑)以及文化价值观也是品牌对外传播的一部分,从而构建一个清晰强大、丰富有内涵、联想更积极的品牌。

艾·里斯也强调,聚焦在顾客心智中一个差异化的认知,可以创建一个强势品牌。欧洲奢侈品品牌战略专家凯费洛则在《战略品牌管理》一书中提出了不同于美国快消品和耐消品的品牌战略理念,他强调品牌文化和反传统营销法则对奢侈品品牌的重要性。

而现实的商业环境中,品牌商战不只表现在认知、形象、口碑层面,

---

[1] 戴维·阿克. 品牌大师:塑造成功品牌的20条法则 [M]. 陈倩,译. 北京:中信出版社,2015:7.

更表现在品牌、产品、技术、营销等方面。构建势能强大的品牌是企业应对竞争和实现增长的最佳战略选择，而强势品牌打造以品牌核心价值为基础，这就需要企业对品牌资产和品牌战略进行清晰的分析和判断，挖掘品牌势能的源头，围绕品牌五度模型、五性模型、五力模型进行有步骤的操作实施。

以手机市场为例，华为除了关注技术领先认知和高端手机形象外，更注重品牌联想和势能的打造。

在高端手机领域，华为能与苹果、三星这两大世界巨头分庭抗礼，靠的就是自主创新。在产品端，包括首款5G手机、折叠屏、卫星通话等各种技术成果在内，华为用多项"首创"和"第一"引领行业，撑起国产手机技术创新的大旗，一举奠定了国产高端市场领导品牌的基础。华为对于核心技术领域每年高达10%—15%的高研发投入，让华为技术遥遥领先，在获得市场对于品牌产品的信任和认可，建立良好的产品形象之余也进一步巩固了强势品牌地位。在研发过程中，华为在美国等西方阵营的封锁打压下始终坚持国产化创新，尤其是美国发起科技战之后，华为成为被重点打压对象，整个产业链和供应链遭遇"卡脖子"。困境中，华为鸿蒙系统、海思麒麟处理器先后问世，硬件软件生态一体化体系逐步形成。在通信核心技术领域，华为顶住巨大压力实现了自主突破，积攒了强大的势能。

而在2021年孟晚舟女士获释归来之后，华为更是强势发布操作系统，这不仅打破了美国的封锁垄断，还让华为成为民族品牌的骄傲，引发国人同情和强烈的爱国情感共鸣。其中，孟晚舟的不屈意志以及华为在封堵打压和威逼利诱下的正确选择让华为拥有了更多积极正面的品牌联想。如今，华为在芯片技术上的持续投入和突破，以及在海外市场赢得的巨大声誉，让品牌势能持续走高，也彻底奠定了华为的强势品牌地位与竞争力。

强势品牌拥有同行所不具备的一系列先天优势，但这些品牌大多不固步自封，而是围绕市场变化持续强化强势品牌的综合优势。

以高端白酒市场为例，茅台拥有酱酒领导品牌认知和第一国酒形象以及良好的品质口碑，其业绩销量和品牌价值一直稳居白酒行业头部。此前，茅台因销售过程中中间商牟取超额利润，影响消费者利益一事，品牌声誉严重受损。此后的茅台主动出击，重塑渠道生态加大茅台专营店建设力度，防止囤货炒作情况泛滥，这一举措大力提高了品牌美誉度和满意度，也为后期的品牌势能打造奠定了基础。

此外，茅台不仅关注认知、形象和口碑建设，更为关注的是积极的品牌联想和强大势能的创建为了持续升级品牌势能，茅台提出文化赋能品牌势能这一核心战略。在2023年6月13日茅台举办的2022年度股东大会上，其掌门人再次对"五线"战略和美学文化战略进行了详细解析。可以说，以文化为切入点，这是茅台新时期引领行业的关键举措，也是茅台在品牌进入发展新高度时的重要选择。茅台以文化赋能品牌势能并非流于表面，其"美学观"已经全面融入企业经营各环节。从"茅粉节"到茅台冰激凌、瑞幸酱香拿铁、德芙酒心巧克力，再到茅台驿站，茅台真正实现了从卖酒、卖品牌到卖文化、卖生活方式的升级。与此同时，针对年轻消费群体的崛起，从产品到跨界营销合作，茅台通过降低产品体验门槛，吸引更多消费者注意，也让更多年轻消费群体接触酱香味，习惯酱香味，爱上酱香味，建立起年轻化的品牌联想，与此同时，通过工艺创新，茅台探索之旅、品鉴会等举措给茅粉提供更美的服务与体验，逐步完成从"酒"到"时间、人物、空间、文化、科技"的转变。通过外化于品牌行动，内化于顾客之心，以茅台美学为价值内涵的"五线"高质量发展之路越来越稳，茅台也开创了酒类在文化美学维度的全新发展形态，构筑起强大的品牌势能。

PART THREE

03

品牌势能之路：
如何打造强势品牌

第七章　打造强势品牌的14种方式

艾·里斯在其著作《广告的没落，公关的崛起》指出，市场营销首先要搭建公共关系，只有通过公共关系才能使自己的品牌在消费者心中占有一席之地；而广告则是公共关系的延续，因此，公共关系打造品牌，广告起到提醒消费者的作用。广告不适合于塑造强势品牌形象，公关才能树立强势品牌形象，因为公关利用媒体进行传播，具有权威性，同时里斯认为公关具有实实在在的功能性，因而公关适合作为"前锋"来进行品牌形象塑造。戴维·阿克在其代表作《品牌领导》一书中以阿迪达斯和耐克两个强势品牌的创建过程为例，指出公关赞助赛事活动的重要性；以高洁丝为例指出网络公关传播的重要性；以哈雷摩托车为例指出客户关系对创建强势品牌的重要性，认为创建强势品牌要超越媒体广告。由此可见，两位大师对公关在创建强势品牌过程中所发挥作用的看法不谋而合。

关联借势创造品牌势能

里斯和杰克·特劳特指出抢先、对立和关联这三种定位方法,而在现实商业竞争中,抢先和对立并非弱势品牌的最佳选择,关联借势强势品牌能够帮助弱势品牌吸收对手势能,助力弱势品牌事半功倍,实现逆势增长。

首先,抢占一个新认知和进入一个新品类相对容易,但要想守住市场地位异常艰难。新品类或新概念的培育往往需要大量传播和持续营销。弱势品牌虽然抢先推出新概念或者新产品,赢得了先机,但大都在强势品牌跟进后瞬间淹没,品类占领和认知抢占最终成为大品牌经营成果。

例如,冰茶鼻祖旭日升是国内最早推广冰茶品类的品牌,前期通过大规模广告抢占了认知后迅速崛起,然而就在其独占冰茶市场之时,对该市场觊觎已久的康师傅、统一、娃哈哈等强势品牌迅速跟进推出冰茶系列产品,抢占了胜利果实,旭日升最终沦落。由此可见,品牌如果在自身实力还不够强大的时候就去大规模推广抢占一个品类认知,很容易被强大对手围堵截击,反而为对手做了嫁衣。至于农夫山泉,早期大规模广告推广天然水品类和"弱碱性水更健康"的概念,短时间内赢得了市场,虽然让娃哈哈、乐百氏等其他包装饮用水企业如芒在背,但这些成熟品牌已经在纯净水领域投入了重资产,无法再跟进这一新品类市场,这也让农夫山泉找到了真正的差异化竞争的核心武器:围绕天然水源地建设工厂。这才是农夫山泉这么多年来无法被众多对手模仿和跟进的关键原因。

其次,弱势品牌采用对立的打法,往往也会适得其反。国内最早推出非油炸方便面的五谷道场在开创新品类后率先抢占了"非油炸更健康"的概念认知。可其在健康方便面这一消费观念还未成为主流时，选择与康师傅、统一等油炸方便面巨头品牌对立攻击，无异于自断前路。而后遭到康师傅和统一在渠道端的封杀围堵，最终惨淡收场，落得被并购的结局。而元气森林气泡水则是另外一个故事。在气泡水赛道，进口巴黎水一家独大，随着国内健康消费浪潮兴起，元气森林发力气泡水赛道，其在早期弱势阶段并未高调攻击巴黎水等其他对手，而是耐心深耕渠道，布局线下基本盘和网络电商根据地，为后期品牌发展奠定基石。等到农夫山泉和娃哈哈巨头跟进时为时已晚，元气森林已成功走红，并稳扎稳打地积累了强大的品牌势能。

百事可乐和可口可乐对立相杀多年，百事可乐曾针对可口可乐产品发起一次大规模用户盲测试饮营销活动，以证明百事可乐口感更佳。然而，此次攻击行为并未为百事可乐带来预期效果。而后百事可乐改变品牌战略，针对可口可乐主打的"欢乐情感价值""欢聚场景"以及更多家庭消费客群三大要素，主攻年轻人群以及他们关注的运动音乐娱乐场景，主推激情的情感价值。这才找到了品牌的正确发展方向。

由此可见，在商品上直接攻击对手并非最佳路径。品牌方无须亲自下场，这一任务大可以由自媒体KOL、消费者意见领袖以及专业评测机构去代替品牌完成。品牌方要做的是在竞争对手不相关的人群、场景和差异化品牌价值上去找到突破口。因为只有良性竞争才能够创造更大的品类市场，相互撕扯只会摧毁品类价值，损人不利己。

从市场打法来看，关联借势才应该是弱势品牌实现逆转的正确选择。

企业在某一品类细分市场里长期处于弱势地位，品牌虽然已经形成了一定的行业地位和实力，但与领导型企业相比落后明显，这时最明智的做法就是关联强势品牌：既承认和强势品牌的差距，又展现自身已经具备的实力，并公开向强势品牌表达敬意。这种关联借势方法是弱势品牌实现势能快速提升的正确选择，也会赢得强势对手尊重。如若企业自身实力规模有限而又在行业地位一般，关联借势往往会被认为是碰瓷营销，弱势品牌方反而适得其反。

以美国汽车租赁市场为例。20世纪60年代，全球最大的汽车租赁公司是赫兹，第二是安飞士。而后安飞士推出了"再接再厉"的营销广告。在广告营销中，安飞士把关联借势策略展现得淋漓尽致。在一则广告中，安飞士承认自身仅仅是汽车租赁业的第二，随之抛出了问题：为什么用户还要选择安飞士？以"再接再厉"作为品牌宣传语，安飞士将自身的品牌优势以及后续的一系列品牌规划巧妙地通过广告表达出来。尤其是针对"汽车没有清洗、使用廉价轮胎、座位和冷暖设备需要用户自己调整"等这些行业痛点，安飞士提出了一系列承诺，从安全、舒适、专业服务等多个角度全面凸显出自身的品牌优势，引起了用户的广泛共鸣。

而在另一则广告中，安飞士直白地将自身定位为汽车租赁行业的第二名，用更感性的方式发表"第二名宣言"。在广告文案中，安飞士坦诚地从企业生存发展的角度，承认自身和行业第一有区别，但安飞士更注重"再接再厉"，并以此为信条提升服务品质，其以"弱势"地位展现了品牌的特有态度。从高档次车型，到贴心的细节服务，安飞士充分抓住用户心理，公然承认自己是行业第二，这种以退为进的方式看似推崇了竞争对手，实则为安飞士赢得了更多用户的支持，其品牌理念和核心价值更是直达用户内心深处。在这波关联借势营销之前，安飞士在美国汽车租赁市场仅有11%的市场份额，没有太大的盈利空间。而仅仅一年后，借助"再接再厉"主题广告的持续发酵，安飞士在全美市场崭露头角。到1966年，安飞士市场份额已达35%，成为行业巨头。

同样在乳业市场，植根于内蒙古的蒙牛关联借势伊利的案例堪称经典。蒙牛品牌创立比伊利晚，早期的蒙牛实力薄弱，市场根基不足，在渠道资源、市场知名度等各个维度都无法和伊利同台竞争，如果正面对立较量，难免会遭受伊利的全面封杀。因此，早期蒙牛放低姿态，为了避免在奶源渠道和伊利发生冲突，提出三个"凡是"政策，做到了极致忍让。并提出"向伊利老大哥学习，做内蒙古乳业第二品牌"的口号，向对手致敬，以敬畏的姿态化被动为主动，这不仅赢得了伊利的好感，避免被强势打压，还进一步提升了蒙牛自身的市场声量。

而后的蒙牛全面以伊利为标杆对照，在自身实力和影响力尚未到达头部标准的前提下，通过关联借势乳业领导品牌——伊利，让消费者和公众将其默认为"内蒙古乳业的第二品牌"。借助老大品牌势能打响知名度。其中，蒙牛推出的公益广告《为内蒙古喝彩，中国乳都》更是将呼和浩特定义为"中国乳都"，将蒙牛和伊利同时宣传为"乳都"企业群中的头部品牌。

蒙牛把自己和行业老大品牌关联起来，逐步创建起了品牌势能，具备了一定正面竞争的实力，企业利用自身综合实力优势与资本市场力量实现了高速发展。而在2003年之后，蒙牛不再将自身宣传关联伊利，但也没有采取碰瓷营销或抹黑攻击的手段。因为在蒙牛的强势崛起过程中，关联伊利就是为了在弱势竞争阶段实现势能快速提升，这也是很多弱势品牌值得参考学习的正确经营之道。

强势品牌的关键手段：打造明星和金牛产品

美国著名的波士顿咨询公司在其经典的"波士顿矩阵"中，对明星产品和金牛产品都做了具体的定义。其中，衡量的关键指标是市场表现指标和财务表现数据。而在上一章节中，"百思特增长矩阵"中也提到了明星产品和金牛产品。和"波士顿矩阵"定义不同的是，除了市场表现和财务指标之外，我们从多年品牌咨询实践中还发现：金牛产品往往可以代表整个品类，有益于帮助企业创建强势品牌。明星产品是品牌面对消费新趋势和市场结构变化最有力的竞争武器，明星产品经过早期孵化已经培育出成熟的核心用户群，具有先发优势，通过大力推广明星产品可以活化形象，同样帮助企业创建强势品牌。

今麦郎的"凉白开"就是明星产品助力企业增长的代表案例。创立于1994年的今麦郎在方便面市场经过多年苦心经营，以性价比极高的一桶半、一袋半方便面赢得了一部分市场，跻身方便面行业前三。然而随着方便面市场竞争激烈，同质化竞争现象突出，企业增长停滞不前，为突破增长瓶颈，今麦郎开始向茶饮料和水饮料赛道进行跨品类延伸，"凉白开"应运而生。

从方便面市场跨界到水饮市场，今麦郎发现中国人自古就有饮用凉白开的习惯，消费者与生俱来对熟水充满好感，并对熟水概念具有普遍的认知基础，而熟水这一品类市场尚未被挖掘，存在市场空白，这给了今麦郎极大的发展契机。而后今麦郎以此为灵感，开创了熟水品类，在竞争激烈的纯净水和天然水以及矿泉水存量市场里，硬生生地创造了一个全新增量市场出来，凉白开在而后的发展一举成为今麦郎的明星产品，也助力今麦郎品牌再上台阶，成为强势品牌。

凉白开熟水瓶装水的推出，一举奠定了今麦郎差异化竞争的产品优势，而在打造凉白开时，今麦郎以具有品类占位高度的名字命名品牌，让产品与品类形成强相关性，极大地提高了市场宣传效率，从消费者心智出发，今麦郎围绕"健康饮水"的主题，提炼出"更适合中国人的体质"的超级卖点，让"中国好水，凉白开"的价值锚点深入地植入消费者心智之中。尤其是针对追求健康的年轻群体，凉白开不仅赞助中国男子篮球职业联赛（CBA）成为官方饮用水，还在高考期间为多地考生免费送水，通过直播等年轻消费者聚集的主流社交平台强势输出品牌理念，更与《王牌对王牌》《王者荣耀》以及瑞幸咖啡等合作，通过跨界营销方式与年轻消费群体建立情感链接，让熟水价值更深入人心，持续扩大市场影响力。

凉白开的出世让今麦郎更加年轻化，不仅活化了今麦郎品牌形象，也实现了企业业绩的新一轮飞速增长。到2022年，凉白开销售额一度超过30亿，实现了从0到30亿的突破，并且还处于持续增长态势，今麦郎牢牢占据了熟水这一品类强势认知。随着康师傅和农夫山泉对市场的跟进，熟水整体市场规模迎来扩大发展，凉白开也将随着品类市场的整体扩大而迎来新一轮增长。

从今麦郎凉白开的成功路径中不难看出，明星产品要实现爆红，首先必须具备超级卖点。尤其是在品类延伸进入新赛道后，明星产品的超级卖点必须既能够传递品类价值，为消费者提供全新价值体验，从而引发消费者购买行为。此外，企业需要以市场为导向，用符合消费者习惯的营销方式高效地连接消费者，快速提升明星产品的认知度和影响力，从而在增量市场中赢得先机。

然而，明星产品和金牛产品并不是对立矛盾的，它们都具有提升品牌势能、确立品类赛道优势的重要作用，随着产品进入市场成熟期，明星产品可以转化为金牛产品，从而帮助企业降低市场投入谋求更大的增长。以市值超百亿美元，在50年内发展成为全球规模最大高档男装公司的拉夫劳伦为例，其核心产品POLO衫就从明星产品发展成金牛产品，全面奠定了拉夫劳伦全球轻奢男装头部地位。

拉夫劳伦的问世，与马球运动关联紧密。作为贵族运动，马球在西方上流社会盛行，拥有庞大的、消费潜力十足的高端粉丝群体。作为一场优雅而休闲的社交活动，其对于用户穿着有着极高的标准。这为拉夫劳伦奠定了一个绝佳的场景。有着非凡设计才华和卓越眼光的拉夫·劳伦于是选择贵族的马球名称"polo"作为品牌logo，从中找到了设计灵感。他把早期盛行的"美国梦"文化、上流社会的服饰审美情趣与马球运动相结合，于1968年创立了男装公司，并且首次推出以"POLO"为主题的高端服饰。这种衣摆前短后长的POLO衫，正是为打马球时往前冲锋的动作而设计的。

而后，拉夫劳伦在设计风格上凸显高雅、大气和都市气息，完美融合了美式的休闲与欧美古典贵族的优雅，在消费者层面塑造起高端奢华的品牌形象，并且其产品特点赋予了高品质、高档次、高声誉的象征，迅速风靡欧美市场。可以说，正是这款明星产品的问世，让拉夫劳伦迅速成为高端男装的代名词。在POLO衫这一品类赛道，拉夫劳伦虽不是开创者，却真正捧红了POLO衫。

通过马球元素奠定高端属性后，拉夫劳伦为了进一步扩大市场占有率，开始着力于向金牛产品进化，实现企业的持续增长。拉夫劳伦在营销推广上不遗余力，持续打造品牌势能，先后赞助网球大满贯中的美网（美国网球公开赛）与温网（温布尔登网球锦标赛），进一步通过与贵族网球运动的赞助结合强化品牌高端调性。与此同时，拉夫劳伦成为美国高尔夫球公开赛最大的场内服饰供应商，并连续多届成为夏季奥林匹克运动会美国队官方赞助品牌，在国际大赛中持续亮相并进一步输出其品牌价值，扩大品牌认知度和品牌影响力。此外，在POLO系列基础上，拉夫劳伦利用品牌相关性进行品类延伸，先后推出紫标系列中的男士马甲和Collection系列中的女士酒会礼服，这些明星产品均受到了中产富裕阶层消费群体的青睐。

拉夫劳伦POLO衫从"明星产品"到"金牛产品"的进化，使其品牌家族在高端服饰市场的地位越发稳固，企业业务板块也延伸到家居等更多赛道，业绩迎来持续增长。可以说，没有POLO衫的横空出世和持续热销，拉夫劳伦就不可能具备如此强大的品牌势能，更无法建立起强大的品牌家族。可见，打造明星产品和金牛产品是创建强势品牌的关键手段。

强势品牌业务延伸的最高指导原则：品牌联想和品牌相关性

品牌是否需要延伸是企业经营面临的现实问题。里斯在其《聚焦》《品牌的起源》等著作中推崇宝洁的品类分化创建全新品牌模式，认为通过品类聚焦是打造强势品牌的关键。而戴维·阿克在其《品牌相关性：将对手排除在竞争之外》和《创建强势品牌》等著作中，对品类聚焦模式之外的跨品类延伸和多元化也进行了积极的探讨，认为拥有丰富积极品牌联想和拥有较强相关性的品牌，可以通过业务延伸或者多元化实现强势品牌打造和应对原有不利竞争局面。

在现实商业运作中，宝洁旗下多个品类、多个独立品牌的模式曾经很成功。奥的斯电梯、波音飞机、哈雷摩托、Jeep越野车、可口可乐、吉列剃须刀、高露洁牙膏等大量通过品类聚焦的品牌也都取得了商业成功。但同时我们也看到，西门子、美国通用电气公司（GE）、本田、雅马哈、强生、雀巢、李锦记、伊利、康师傅、花王、卡乐比等品牌则是通过跨品类延伸或者多元化经营取得了成功。因此，商业世界并非"非黑即白"，存在即合理，这些跨品类延伸或多元化经营品牌选择不同发展道路背后也有其内在逻辑。

在第四章中，我们曾提到品牌资产和品牌相关性助力创建品牌势能的观点，就此我们展开进一步探讨。本田除了被人熟知的摩托车业务和享誉全球的汽车业务之外，还有飞机业务以及割草机等小型机械业务；雅马哈除了被国人熟知的高档摩托车业务和享誉业界的钢琴乐器业务外，还有发动机和游艇摩托艇业务、高尔夫球具运动器材以及半导体和割草机小型机械业务；强生和雀巢除了主品牌跨品类延伸之外，也通过并购其他品牌走上了多元化经营；而GE和西门子多元化业务更为庞杂。其中，戴维·阿克在著作中曾专门对本田等多元化品牌有过分析，认为这些成功企业均展现出一个共同特征，即在原有业务领域建立绝佳的声誉和品牌形象。虽然多元化业务早期与品牌相关性不大，但就其品牌资产中，积极正面的品牌联想为这些企业在开展多元化业务时提供了足够强大的背书，也为多元化发展和跨品类延伸奠定了强大的品牌认知基础。雅马哈从钢琴起家，建立品牌声誉，并利用绝佳的精工制造联想为品牌进入摩托车、发动机、摩托艇等多元业务提供了强大势能。

雅马哈成名于乐器业务。其中，钢琴是雅马哈的早期发展阶段的核心业务，凭借着在美国世界博览会上获奖，雅马哈迅速走红，建立了良好的品牌声誉。在成为钢琴品类强势品牌后，雅马哈随后将业务延伸到大小提琴、打击乐器、专业音响设备等，成为全球最大的综合乐器制造商，而这些不同乐器品类有个共同特点就是需要精工制造作为基础，而"雅马哈之父"山叶正好是医疗器械维修工出身，熟知机器制造业的一些细节。

在二战期间，雅马哈偶然间研制出一款发动机，至此打开了"跨界大门"。以精工制造的绝佳技术联想为基础，雅马哈开始开发不同行业的产品，在1954年推出的首款摩托车YB-1红蜻蜓一经问世就火爆全球。此后雅马哈保持精工制造的优势，开展多元化经营，陆续研发出公路赛车、骑士车、踏板车、弯梁车等多个摩托车品类畅销产品。

然则，雅马哈的"跨界"并非"不务正业"，而是始终抓住"精工制造"这一超级品牌认知优势的体现。在其品牌文化中，"工匠精神"和"创新精神"是核心，制造精品才是雅马哈的唯一追求。"雅马哈出品必为精品"这一品牌认知为雅马哈跨品类延伸和多元化经营打下了坚实品牌联想基础。

雅马哈以精工制造研发生产的钢琴建立起了"业内第一"的品牌认知和"精工制造"的品牌联想，品牌在新的业务领域也能建立起和用户之间的相关性，大大降低了雅马哈拓展新行业的风险，释放出更大的品牌价值。而今，雅马哈乐器业务占全球乐器市场的23%，具有绝对领先优势，其摩托车市场占有率也达到了世界领先水平，船外机市场占有率稳居世界第一，可见，雅马哈的多元化经营非常成功。

除了依靠积极的品牌联想助力企业进行业务延伸或多元化经营，创建强势品牌之外，利用品牌相关性原则同样可以助力企业获得强势品牌效应，亨氏、可果美、李锦记、伊利、花王、卡乐比、FANCL等都是代表品牌，尤其是日本番茄酱番茄汁领导品牌可果美的跨品类发展堪称经典。可果美进入果蔬汁，正是把握了番茄汁和果蔬汁之间的较高相关性，从而让品牌在新品类一开始就获得强势品牌效应。

番茄作为单一产品，其受众市场规模有限，存在品类市场天花板。可果美过度依赖日本本土市场，而其市场连续几年呈现萎缩态势，这让可果美陷入了发展瓶颈。对此，可果美寻求转型之路，在2016年，果可美从"番茄公司"转型为"蔬菜公司"，开始将业务向果蔬汁市场延伸。其实，早在1973年，可果美就曾试图推出果蔬汁产品试水，并且引起了不少共鸣。加上可果美本身业务也涉及生鲜蔬菜，番茄汁和果蔬汁又天然有着极高的相关性，从这一角度来看，可果美切入果蔬汁领域顺理成章。

而后，可果美推出混合果蔬汁，除了宣传基本的"蔬菜补充营养"价值，可果美更多从功能价值、社会价值等方面放大混合果蔬汁的价值感。在产品研发上，可果美抓住日本国民健康消费升级的趋势和"果蔬营养摄入不足"的消费痛点，从功能性饮品角度入手，推出"地产全消"季节限定系列，这一系列产品不仅沿用了国内生产、国内消费、支持本国农业和农户的理念，而且主打日本各地特色农产品，以应季水果限定产品为卖点，通过线上线下多渠道推广，为消费者带来美味和新鲜感，在推广日本农产品的过程中获得了更多日本民众的好感与支持。可果美依托原先强大的番茄标签认知和积累起来的忠实粉丝为其在果蔬汁业务延伸上奠定了基础，果蔬汁也成了可果美在蔬菜制品领域的代表性产品，据其财报，2021年，可果美果蔬汁饮料业务已经占到了整体营业额的39.8%，已经成为企业新的核心增长点。

由此可见，利用好原有的品牌联想和相关性原则，选择和自身优势主业具有相关性的品类赛道，有利于品牌在跨品类业务延伸以及进军全新的品类市场时获得强势品牌效应。

强势品牌塑造的首选武器：公关

随着时代发展，品牌传播、媒介环境发生了翻天覆地的变化。在报纸、电视为主流媒体的时代，传统广告发挥了巨大作用，促进了宝洁、联合利华、可口可乐、雀巢、耐克、拉夫劳伦、GAP、李维斯、哈雷以及卡特彼勒等一大批美国品牌发展。然而，自20世纪90年代开始，美国的品牌营销专家们都意识到了一个共同问题：广告对创建强势品牌的作用越来越不明显。其中，里斯和戴维·阿克两位大师都认为广告已经没落，广告的传播效率和可信度越来越低，仅能起到维护品牌的作用。究其根本，原因在于传统媒体碎片化、人群受众细分化以及网络媒体的崛起等新的商业环境发生了剧变，依赖权威电视和报纸等媒体进行大规模广告传播实现快速创建强势品牌的高成本和低效率形成了巨大反差。电视媒体广告、电梯广告以及户外广告的费用一路飞涨，但广告对品牌的势能提升却越来越不明显，广告投放成本增加，业绩增长乏力，成了企业的普遍现状。

反观欧美市场自20世纪90年代开始的品牌变革历程，以红牛、星巴克、Supreme、安德玛、Lululemon、雅虎、微软为代表的新一代消费品和科技类品牌，集体选择用公关替代广告的打造方法，比如，红牛、安德玛赞助运动赛事，Lululemon赞助瑜伽教练和明星达人，利用赞助等方式来快速提升品牌认知、形象和势能。进入21世纪，阿里巴巴、淘宝、苹果、特斯拉、京东、小米、蔚来、理想、比亚迪汽车等一大批崛起的新生代消费品和科技类品牌同样通过公关来创建和打造强势品牌。比如，苹果在行业展会期间举办品牌发布会，小米创办粉丝节，淘宝早期大量宣传玩家创业开店的有趣故事和"倒立文化价值观"等，阿里巴巴举办网商大会宣传"让天下没有难做的生意"这一理念，这些都是"重公关轻广告"的体现。更值得一提的是，特斯拉从成立公司起就没有设置营销广告部，而是依靠创始人个人影响力来推广品牌。如今，创始人、专业人士和意见领袖对大众的影响越来越大，赛事活动和行业大会的关注度越来越高，而公关的价值就在于权威性，可以给品牌提供广告无法给予的信任背书。随着消费者的主权意识的觉醒，他们不再轻易相信广告传播的品牌信息，也不愿意被广告所诱导，反而更愿意自己主动探寻答案，或者被更权威、更有故事性的内容和更值得信任的人和有影响力的活动所影响，而这些消费主权意识往往影响着消费行为。

所谓公关，很多人下意识就会联想到"危机公关"。简单来说，就是企业和品牌如何应对危机，将危机的舆论影响和风险降到最低。事实上，"危机公关"仅仅是公关传播职能的一个组成部分。品牌公关，体现在品牌对外传播的每个环节中，更注重以"权威可信"的方式完成强势品牌塑造，做好品牌和消费者以及社会公众之间的沟通桥梁。以星巴克为例，其征服消费者的核心秘诀，就是追求咖啡制作品质标准和绝佳的第三空间体验，加上星巴克开创的美式咖啡文化和持之以恒构建地与顾客的良好关系。而这些经营秘诀，被星巴克通过精准巧妙的公关传播变成了人尽皆知的品牌商业案例，可以说公关传播成就了星巴克的强势咖啡品牌效应。

星巴克极为注重与社会公众层面的互动与交流。在积极参与社会公益事业的过程中，星巴克塑造了一个积极向上、环保公益的品牌形象。其推出的"冷链物流"计划在突出品牌为保证咖啡豆新鲜度的同时也实现了对生态环境的保护，这种公关方式赢得了更多潜在消费者的认可和支持。与此同时，星巴克将自己定位为"第三空间"并持续营造温馨氛围，让用户能够感受到不同于办公和居家环境的空间体验。星巴克不仅注重用户关系的创建，对员工关系的创建同样关注，其将员工称为"伙伴"，在美国首创了为临时工提供全面医疗保险的机制，并开了给临时工股票期权的先河。拓展中国市场时，星巴克更是为全职咖啡师和值班主管承担50%左右的住房费用，还结合中国文化传统，通过开"家长会"的方式请员工家人一同来体验工作氛围。

此外，星巴克放弃斥巨资砸广告和请代言人，依托口碑效应和公关传播。星巴克极其注重"创始人现身说法"，品牌传记和创始人传记等出版物成就了星巴克神话一般的商业成功案例，星巴克创始人也像一个"布道者"一样代言星巴克，让星巴克品牌成为更多人的追捧对象。从星巴克公司与员工的良好关系、品牌和消费者良好互动到创始人的感人创业故事，再到品牌独特的文化理念，星巴克都会通过一系列公关传播向目标用户和社会公众进行推广，以此来传递核心品牌价值，持续提升品牌势能。星巴克不仅仅赢得了小众的雅皮士人群的青睐，更赢得了美国主流中产阶级的追捧，而在这一破圈的过程和星巴克品牌势能强大的过程中，公关传播发挥了决定性作用。

星巴克依托公关强势崛起，改变了很多企业"酒香不怕巷子深"的品牌思维。在新商业时代，要想成为一个良好社会公众效应的强势品牌，仅仅依靠品牌用心经营，围绕用户打造独特体验和差异化价值是远远不够的，对品牌体验和用户口碑的公关传播必不可少。

在汽车行业，同样也不乏通过公关传播实现强势品牌创建的经典案例。特斯拉创始人马斯克、理想汽车创始人李想都曾公开表示，企业不会投入大量广告费用推广品牌，公关才是品牌的强力手段。特斯拉是最早利用公关来创建和打造强势品牌的典型案例。在智能驾驶纯电动车方面持续创新突破，敢于挑战和质疑整个行业的规则，以及永远不缺少话题的创始人，这造就了一个特立独行的特斯拉品牌。

而在国内市场，比亚迪是从传统品牌广告传播切换到公关传播创建强势品牌的代表。作为老牌车企，在2020年之前，比亚迪的市场优势并不明显，年销量长期在20万台左右，直到2020年新能源汽车市场开始爆发，看准时机进入赛道的比亚迪同年销量上涨到41万余台，自此开始，比亚迪进入了发展快车道，而在此过程中，比亚迪彻底摒弃了大规模广告为主的品牌传播模式，全力投入公关传播。

2021年2月2日，比亚迪发布组织架构调整，成立四大事业部，其中之一就是品牌及公关事业部。可以说，比亚迪品牌势能发生根本性改变，也与这一调整变化有很大关系。2021年，比亚迪销量达到了73万台。对比2021年比亚迪成立品牌公关事业部前后的营销活动可以看出，比亚迪明显加大了公关活动来打造强势品牌。

2021年前，比亚迪通过新能源车型投放积累的先发优势和自主创新赢得了赞誉，也奠定了全球技术领先地位，但这只是其品牌势能腾飞前打下的良好的品牌价值基础。真正让比亚迪品牌势能实现根本性改变的还是2021年之后一系列公关操作打法。

特别是2022年4月3日，比亚迪正式发布停止燃油汽车的整车生产的公告，举世震惊。这就是比亚迪公关传播的高明之处。这意味着比亚迪成为全球首个正式停产传统燃油车的巨头车企，也意味着比亚迪在纯电动、插电式混动车型方面已经具备了成熟的产业优势。而在此之前，一线巨头车企普遍将停产燃油车的规划节点定在2030—2035年。比亚迪的高调官宣，无形中表达并宣告着：在新能源赛道，比亚迪已经领先对手近7年！

此后，比亚迪更是习惯性地通过战略级新品发布会实现品牌势能层层递进，打造强势品牌，例如2022年5月16日比亚迪腾势D9发布，宣布国产高端新能源MPV车型问世，打破了别克GL8、本田奥德赛、丰田埃尔法在高端MPV市场的垄断格局。2022年11月16日，比亚迪召开发布会宣布第300万辆新能源汽车正式下线，成为首个达成这一里程碑的中国品牌。这不仅是比亚迪汽车的发展里程碑，也是中国汽车工业加速变革的最佳例证。比亚迪汽车为旗下的海豚、海鸥、海豹、巡洋舰、驱逐舰、仰望U8、方程豹等每款新车召开战略级发布会都是一场重磅级公关传播，其品牌崛起之路势不可挡。

2023年8月中旬第500万辆新能源汽车正式下线发布会更是将比亚迪品牌势能推向了新高度。作为全球首家达成这一里程碑的车企，比亚迪原本应当高调宣传企业自身，但出人意料的是比亚迪并非如此，而是展现了品牌大格局，把13个国产品牌新能源车全部请到发布会现场进行展示，打造了一个行业盛会。其间，比亚迪发布的"在一起，才是中国汽车"的主题宣传短视频震撼人心，在线上刷屏传播，赢得了无数国人的点赞支持。与此同时，比亚迪在微博上还和理想、一汽红旗、小鹏、奇瑞、广汽埃安、蔚来等众多友商联合发起"蓝v联动"，表示将携手各大友商让中国汽车走向世界。格局全面打开的比亚迪将自身的大事件上升到了民族情怀角度，不仅全面奠定了自身的行业地位，同华为一样，比亚迪也用这种更能顺应人心的方法为自身打上了民族品牌标签，这是重金广告营销所无法媲美的。

由此可见，在新商业时代，花钱砸广告打造强势品牌带来销量的时代已经过去，相比如传统广告的巨大消耗和较低效能作用，通过战略级发布会、跨界合作、事件营销、赛事赞助、用户活动等公关传播反而有着无可比拟的优势，它不仅能够为品牌带来更好的营销效果，塑造良好的品牌形象和传递品牌核心价值，还能够大幅降低营销费用，最终实现强势品牌创建和打造。因此，巧妙使用公关传播，这是当下企业经营发展所必须掌握的必杀技。

强势品牌的护城河：科技专利和品质标准

一流企业做标准，二流企业做品牌，三流企业做营销，这是咨询界内广为传播的一句话。而这恰恰反映了商业竞争的真实现状。20世纪90年代末，随着中国加入世界贸易组织（WTO），大量外资品牌纷纷涌入中国并依靠资金、品牌优势以及专利技术和标准领先强势占据市场。微软通过打击国内盗版软件输出专利技术和标准，实现了对各个电脑品牌预装系统的全面垄断，而由于DVD专利和标准的缺失，中国企业丢失了原本属于自己的利益，这为我们国内企业家补上了一课：专利和标准是打压甚至扼杀对手的必杀技，也是强势品牌护城河。

吃一堑长一智。若干年后，OPPO手机被夏普起诉专利侵权，而OPPO凭借充足专利技术积累成功反诉，并最终与夏普达成了和解。但凡能够有所意识并付诸行动的品牌企业，都在商业竞争中既强化了自身品牌势能又获取了竞争优势。

当下，中国大量行业都处于技术研发和产品升级的阶段，专利重要性虽已形成广泛认知，但其标准重要性并未形成品牌共识。专利技术要想形成明显的竞争优势，除了赋能产品外，更重要的就是帮助品牌实现行业标准制定。能够参与行业标准制定的品牌不单拥有行业威望，更拥有一般企业不具备的信任度，这也是品牌势能最佳获取方式之一。可以说，标准更能帮助品牌实现竞争目标。一旦技术或者商品品质标准发布，行业有了准入门槛，监管机构有了执法参考依据，主流媒体舆论更是拥有了监督报道的事实依据，那么，主流流通渠道就会主动驱逐不符合标准的品牌商品，目标客户会优先关注符合品质标准的品牌商品，拥有标准制定权的品牌就能以合理合法的市场运作实现净化市场，达到良币驱逐劣币的效果。

现如今，户外电源、智能硬件、智能家居家电、新能源、中医药以及大健康、食品饮料、美妆护肤品等消费品行业正在经历一轮大的产品升级，而未来的品牌竞争除了在产品和营销层面外，专利技术和品质标准的重要性将会越发凸显，企业要创建强势一流品牌就要及早入手制定标准。

以厨房家电市场的龙头企业老板电器为例，油烟机是老板电器核心产品，在市场上有着上佳表现，但是多年来与方太之间竞争，并未取得明显优势。直到2021年，通过大力推广大吸力专利技术，让老板电器油烟机抢占了用户心中一个最佳心智资源并确立了优势地位，成功反超方太并帮助企业创建了一个强势品牌。而后老板电器发布大吸力油烟机标准，夯实领导地位成功构筑起品牌护城河。

在2021年度中国家电及消费电子博览会上，老板电器高调发布了全新升级的第五代大吸力油烟机标准。以该标准为前提，其推出的双腔大吸力油烟机家族产品也同步亮相，并荣获展会含金量最高的奖项"艾普兰金奖"。而老板电器之所以能在一众同行中脱颖而出，就在于契合用户需求，依靠过硬的技术做支撑，并积极制定行业标准，实现从卖产品到定标准的品牌转变，进一步奠定行业领先地位。

消费者对于吸油烟机的产品诉求，主要集中在吸力、噪音、清洁三个方面，这也是影响各大品牌产品销量的关键要素。由于产品技术更新迭代加速，此前与新技术和新产品匹配的行业标准一直处于空白区，老板电器的第五代大吸力油烟机标准则以"智判、双拢、直吸、变频、免洗"为核心，对油烟机在中国厨房中所扮演的角色提出更高要求。以新标准为对照，油烟机将更智慧、更高效、更精准，老板电器也借此机会大力推广新标准机制下的新产品双腔大吸力油烟机，进一步成为推动行业发生跨越式革新的领跑者。

从根本上来说，标准化水平是一个国家科技与经济发展水平的反映，而市场主体的企业标准化水平，直接影响到企业竞争力。老板电器深知这一点，在此后的发展中没有停止在标准化建设上的探索投入。2022年，老板电器联合中国电子节能技术协会及相关企业主导的《双腔大吸力吸油烟机》团体标准正式发布。该标准对双腔大吸力吸油烟机在风量、风压、最大静压、油脂分离度、全压效率等方面做出了明确要求，不仅填补了行业对于双腔大吸力油烟机规范空白，也为消费者选购产品提供了指导性意见。老板电器积极参与行业标准制定，不仅为品牌赢得了权威背书，也进一步提升了品牌竞争力，直接体现在营收业绩上。2022年，老板电器营收102.72亿元，其中油烟机营收就高达48.79亿元。

能够参与行业品质标准制定的企业，必然在行业影响力、技术领先性、行业代表性、产品适用性等多个领域有过人之处。参与其中，企业的品牌力也会得到质的提升，企业拥有了保护自我发展的标准壁垒和市场规则的话语权，对于后续拓展市场意义重大，而这一切都建立在企业自身强大的科技研发实力基础上。老板电器如此，灵芝品牌寿仙谷亦是如此。

众所周知，受疫情和健康消费需求影响，保健品市场迎来新发展，其中，灵芝孢子粉备受推崇。然而由于行业标准缺失，灵芝孢子粉市场鱼龙混杂，品质参差，价格不一。寿仙谷深知得标准者得天下，掌握标准的制定权就意味着获得了市场的主导权和话语权。2019年，寿仙谷与多个行业组织联合推出《ISO 21315:2018中医药——灵芝》《ISO 21370:2019中医药——铁皮石斛》两项国际标准。行业标准的推出，不仅让市场风清气正，全面进入有序发展局面，还全面推动了相关产业的国际贸易。灵芝和铁皮石斛两项国际标准先后被30多个国家和地区应用，推动了该产业的可持续发展。

随着参与制定国际标准，寿仙谷的行业知名度与影响力与日俱增。此后，寿仙谷继续牵头制定标准，在2021年的浙江省中药材博览会，灵芝（赤芝）及孢子粉生产加工技术规程、灵芝（赤芝）及其孢子粉质量规范两项团体标准正式公布。两次参与标准制定的背后，是多年来寿仙谷在科技创新领域的持续深耕。在寿仙谷第四代传人李明焱的带动影响下，寿仙谷始终将科技创新放在企业发展的核心地位。国内首个具有自主知识产权的灵芝新品种"仙芝1号"就出自寿仙谷。

在产业化布局中，寿仙谷不仅建立了规模化、标准化中药材栽培基地，还开创名贵中药材"仿野生有机栽培技术"，攻克灵芝孢子粉去壁难题，开发出第三代去壁灵芝孢子粉。在获得一系列国家专利的基础上，寿仙谷通过科研技术参与制定了灵芝行业标准，进而在净化市场的同时实现了行业的品质标准提升，为企业自身确立了发展优势，集聚了强大的品牌势能，进一步确立品牌在市场的领导地位。

可见，科技专利和品质标准制定不仅能助力企业构建起核心竞争力，让品牌更具生命力，而且在提升品牌影响力的同时能够助力企业掌握行业话语权,在行业内形成强势品牌效应。

强势品牌的核心品牌资产:IP故事和包装视觉

戴维·阿克认为:品牌要学会讲自己的故事,即用生动有趣、真实可信、引人入胜并包含战略信息的故事与顾客深度沟通,也可以用来阐明或增强品牌愿景、客户关系、组织价值观和经营战略,让故事成为顾客心智中的认知标签,强化品牌形象,直击人心。生动有趣与真实性是品牌故事所拥有的两大特征,IP故事往往引人入胜。IP故事可以用于提高品牌的活力和可见性,并能长期起到劝说及激励员工和客户的作用,在传递战略信息的同时,还能抒发真情实感、激发受众的兴趣。随着潜移默化的品牌故事宣传,品牌势能就此累积起来。

与国产品牌习惯采用的高举高打的广告推广方式完全不同的是欧美品牌都很善于利用IP故事推广品牌。在进入中国后,欧美品牌往往首选通过品牌IP故事进行品牌认知和形象以及口碑的宣传,尤其是奢侈品和快消品品牌,创始人和家族传承故事以及品牌发展历史都会被勾勒成生动形象的故事被国内各大主流媒体和行业媒体报道,这在创建强势品牌过程中大大节省了宣传费用,也提升了品牌可信性,而这些被津津乐道的品牌IP故事正是欧美强势品牌的核心品牌资产之一。

以喜宝的品牌家族故事为例,作为德国婴幼儿食品第一品牌和全球零售额第一的有机婴幼儿食品品牌,喜宝凭借欧盟100%纯天然有机背书和健康营养、纯天然的特色赢得父母群体青睐。而喜宝风靡全球的背后,实则与其创始人的家族故事紧密相关。

1899年，杰斯弗·喜宝（Jasef Hipp）和妻子玛莉亚（Maria）在德国经营一家糕饼店。当时妻子刚生下双胞胎，却因为母乳不足而发愁。于是深爱妻子的Jasef开始尝试用糕饼技术来制作婴儿食品。经过反复尝试和改进，他制作的牛奶面包粉获得了成功，不仅自己的孩子喜欢吃，还受到很多邻居的认可。此后，他开始将这类产品公开发售，这便是喜宝婴儿食品的雏形。直到1932年，Jasef Hipp的小儿子、当年的双胞胎之一乔治·喜宝（Georg Hipp）正式成立喜宝公司。或许是因为父母的缘故，创始人Georg Hipp坚持将原生态、高品质、绿色健康作为喜宝的核心产品理念。喜宝品牌的诞生是父爱的体现，而后历经Hipp家族四代人的传承，喜宝始终坚守着家族的匠心与信条，并且继承了这种细致而温暖的父爱，传递"自然恩赐、恩予自然"的品牌核心理念，随着消费者越来越关注有机消费，加上动容于喜宝这一生动的父爱延续的品牌家族故事，喜宝的全球销售一路向好。

很多时候，品牌的IP故事并非刻意创造，更多时候是机缘巧合产生的内容基础。把握好这些内容元素并经过艺术加工，就足以成为一个充满传奇色彩和打动人心的品牌IP故事，"马德拉不死之酒传奇故事"就是典型代表。

葡萄牙马德拉群岛，不仅是足坛巨星C罗的故乡，更是加强型葡萄酒马德拉酒的原产地。由于拥有多种甜度类型和独特的氧化风味，马德拉酒被誉为世界上陈年潜力最长的葡萄酒之一，更有"海洋上不死之酒"的美誉。而它的兴起，实则与殖民时代的海上贸易有关。

东印度公司船队在商贸中曾把马德拉葡萄酒带到印度，此后返程时又把没有喝完的酒退还给了马德拉岛的生产商。经历了漫长的海上航程，人们原以为这些酒已经腐坏，然而并非如此。品尝后发现，经过海上旅途的马德拉酒风味更加甘醇、奇妙。原因很简单，航程四次经过赤道高温，这些酒不断与空气接触氧化，再加上风浪颠簸，这些酒不仅没有变质，反而更加美味。此后，马德拉酒商们为了获得更多高品质风味马德拉酒，就主动要求商船带上葡萄酒，沿着东印度公司商船的路线往返四次经过赤道。这在无形中成为马德拉酒的最后一道工序。自此，"马德拉不死之酒传奇故事"也风靡全球，让这款美酒受到更多人的关注和喜爱。

打造一个富有情感和吸引力的品牌故事，可以精准传达品牌的核心价值和独特性，还能让消费者更容易与品牌产生情感共鸣。BLK黑水的爆红便是最好的佐证，作为欧美时尚界和娱乐圈的新宠、奥运会和白宫的专供，BLK黑水爆红现象的背后源自一个感人又有趣的品牌故事。

BLK黑水被发现完全是一次偶然事件。2008年，拉赫奎琳（Lacqueline）和露易丝·威尔基（Louise Wilkie）这对小姐妹还在酿酒工厂工作，而她们的母亲因骨癌晚期，仅剩一年寿命。救母心切的姐妹俩想尽了一切办法，最终抱着试一试的希望，让母亲喝下加入了富里酸矿物质的黑水。奇迹发生了，喝了这种黑水的母亲挽回了生命，身体持续恢复健康。欣喜若狂的姐妹俩开始将这种黑水分享给外界。"天然黑色"的神奇特性加上"双胞胎救母"的故事，BLK黑水一炮而红，此后又通过互联网平台和众多名人效应的持续发酵，逐步在北美成为消费潮流。

企业要想打造一个强势品牌，除了通过IP故事引发消费者共鸣外，还需重视包装视觉。劳拉·里斯在《视觉锤》一书中曾提及，每个品牌都需要找到自己的"视觉锤",让品牌识别更快,记得更久。"视觉锤"是对视觉产生刺激,通过视觉设计的差异化,抢夺消费认知资源。对快消品和奢侈品来说,包装视觉则发挥着视觉锤的作用,比如可口可乐经典的红色罐装瓶型、元气森林气泡水包装瓶型、健达奇趣蛋包装视觉造型、江小白表达瓶、绿巨人蔬果罐头、洋河蓝色经典瓶、爱马仕的丝巾礼盒、兰蔻小黑瓶、雅诗兰黛红石榴套装等。对于成熟的强势品牌来说,包装视觉已经成为核心品牌资产,其重要价值不言而喻,随意更改包装视觉会造成不可挽回的损失。对新消费品牌来说,包装视觉的创新往往能够帮助品牌在同质化商品中脱颖而出,在品类中创建强势品牌效应。

在凉茶市场,王老吉和加多宝"红罐正统"的PK博弈当属品牌视觉经典之战。加多宝在更换"金色罐体"后,业绩销量持续下滑,品牌力受到重创,可见品牌包装视觉的重要性。从品牌发展历程来看,王老吉凉茶诞生于清朝道光年间,在新中国成立后才归于广药集团旗下。在很长时间里,王老吉一直不温不火。而1997年加多宝公司以每年约450万元的价格享有红罐王老吉15年的独家经营权,自此开启了王老吉的辉煌时代。在庞大的商业利益面前,广药集团和加多宝矛盾不断,并展开了王老吉商标的争夺之战。最终,法院裁定加多宝公司停止使用王老吉,并赔付14.14亿元。按法律裁定,加多宝自此无法继续使用相关广告词和包装。出于长期发展的考虑,加多宝改用金装包装,并通过冠名赞助各大综艺节目,大力推广"金装加多宝",效果十分惨淡,其结果令人唏嘘。

更换包装对加多宝来说是逼不得已,然而在消费者的认知中,"红罐凉茶"早已根深蒂固。丢失了红罐这一关键的品牌视觉特征,加多宝也就失去了最重要的品牌资产。如果说凉茶更名是加多宝第一大硬伤的话，那么换装金罐则是加多宝第二大硬伤，这也是加多宝后来被王老吉快速超越的关键原因所在。

反观鸡爪休闲食品赛道的王小卤，通过IP化视觉在鸡爪同质化商品中脱颖而出，并靠着虎皮凤爪这一大单品，短短几年内，王小卤从2019年的2000万营收，攀升到10亿年营收新高度，成为鸡爪品类中少有的强势品牌。而其成功之道除了出色的产品外，更在于其包装视觉的创新。

从选材、配色到图案，王小卤在设计上下足了功夫。在整体风格上，王小卤的包装设计采用了深色为主调，卡通人物头像搭配金属质感的字体和线条，整体凸显娱乐化和年轻化。其包装内部则采用高透明度塑料，可以清晰展现盛放王小卤的场景，全面激发消费者购买欲望。在细节处理上，王小卤包装的背景花纹突出品质与格调，让消费者充分享受视觉上的美感。而在内容主题上，王小卤做到了单点极致，其非常注重视觉符号的差异性，将焦点无限放大。

在包装上，王小卤巨大的IP形象极具看点，其商标、IP人物、虎皮凤爪、食鸡运转等固定不变的品牌标识已经成为王小卤品牌核心资产中不可替代的一部分。此外，为了吸引更多的年轻消费者，王小卤还把包装设计与热门游戏相结合。其"食鸡运转"主题元素在包装上的融合，就关联到了火爆的"吃鸡游戏"，从而进一步拉近了与年轻消费者的距离，让王小卤品牌形象持续年轻有活力，最终形成了其他同类商品所不具备的强势品牌效应。

强势品牌的首选目标：创新顾客价值占领细分市场

里斯和特劳特的《定位》理论强调竞争视角，关注用户心智和抢占认知而非用户价值需求的变化。自20世纪80年代开始，竞争战略理论成为商业战略主流，它强调企业注意力从自身产品扩大到外部竞争对手。然而当这种以竞争为核心的战略集中于如何击败竞争对手时，企业常会发现：在付出巨大消耗代价后，获得的只是一种跟随性和模仿性的市场改善。以传统竞争为导向战略或将企业诱入误区：一是过多考虑击败竞争对手而使企业失去关注趋势性的创新；二是竞争多为被动，企业疲于应付对手竞争性事务而非创造增长机会；三是过多消耗和浪费企业的精力及资源，不能清晰识别用户价值需求的潜在变化。

而美国营销大师科特勒则推崇以顾客价值创新为先导的商业战略，这种商业战略扩大了现存市场并创造了新的市场，它洞察深层的、潜在的、成长的顾客需求，为顾客提供全新的商品价值，并由此淘汰与之相竞争企业的商品。此外，它通过重写游戏规则，改变了行业结构和竞争格局。革命性的创新产品概念要赢得市场关注，其核心不在于销售产品，而在于教育顾客，让顾客认识到这一产品创新的巨大价值，教会顾客如何使用和消费这一创新产品。一旦顾客的潜在需求被启动和激发出来，不仅能短期内创造出相当大的市场，也能驱动这一市场成长的企业在顾客心目中取得难以动摇的领先地位。

现今的市场竞争，并非都是咖啡、饮料、零食等快消品行业的简单产品竞争，对高技术要求的行业或需要专项研发应对特殊客群的行业，就需要以顾客价值创新为先导的商业战略，创新产品的顾客价值，再通过顾客体验放大创新价值，构建品牌势能，从而脱颖而出。以绝佳高空运动摄影体验的大疆，超越了一般意义的无人机；以增程式技术加上后排独立座椅体验为佳的理想ONE，超越了传统中大型七座SUV，这些品牌都是通过以顾客价值创新为导向的商业战略从而创建起强势品牌。

要在细分市场创建强势品牌，就必然要洞察核心用户群体的潜在需求，创新客户价值。理想ONE勇敢进入中大型SUV市场获得新用户青睐，就是代表案例。理想汽车创始人李想有句名言——战略第一重要的是用户需求。在对中大型SUV车型探索过程中，理想汽车在用户端做到了精准研究和洞察，以丰田汉兰达、道奇酷威、宝马、奥迪、雷克萨斯、奔驰等为主的中大型SUV更多考虑驾驶人员的舒适性，车机智能化程度较低，车内第三排空间形同虚设，进出不方便，第二排乘坐舒适性不佳，此外，中大型SUV又普遍性地缺少燃油经济性，中大型SUV市场存在着新能源车型的商业机会。

正如李想所言，"我们就需要给产品定义一个标准。什么是产品的标准？我进行了一个比较简单的定义，就是三个关键词：优越感、价值、安全感。衡量产品标准的三个关键词里面，最核心的是哪个呢？我认为是价值。我们做产品的时候只谈价值，不谈体验。"在坚持增程技术路线的基础上，理想ONE更关注家庭用户的用车需求，聚焦家庭用车需求，针对老人和幼儿等特殊群体，来重新定义车辆设计进而创新顾客价值，这为理想汽车带来了差异化竞争优势。理想ONE其独特的第二排独立座椅乘用体验和更长的续航里程，让家庭用户的二排乘坐舒适性和三排进出便利性需求得到全面满足,车内配置还兼顾儿童需求,用各种显示屏和娱乐设施让家庭出行更加愉悦。理想ONE得到了广大二孩家庭用户的喜爱,既可以平时作为接送孩子上下学和郊区露营的SUV使用,被众多车主用户们爱称为奶爸车,也可以临时用来接送客户当作MPV使用。

理想ONE的横空出世,不仅为理想汽车创造了一个全新价值的细分市场,也帮助理想汽车在中大型新能源SUV市场获得了领先地位。此后,理想汽车又从理想ONE的单一产品模式进入L系列多产品阶段,大型SUV理想L9、中大型SUV理想L8均成为家庭出行豪华SUV首选车型。凭借着在大型SUV市场的全面崛起,理想汽车2022年前三季度营收已突破276亿元。此后,理想一路高歌猛进,坐稳了中大型新能源豪华SUV市场领先者位置。

同样在鞋类市场,引领机能鞋品类的基诺浦以用户痛点和市场潜在需求为导向,创新顾客价值,基于"童鞋不是缩小版"的理念革新中国童鞋行业,甚至专为学步儿童研发专属产品,通过创新品类成为新赛道的领跑者。

国内婴童鞋类市场庞大,品牌林立,但品牌大多围绕"高颜值+丰富产品+营销渠道"的发展模式。尤其是近年来,传统童鞋品牌过于注重鞋子的美观性与时尚感,推出的马丁靴、公主鞋、骑士靴等产品严重忽视儿童适用性原则。因为儿童足与成人足在生理结构上有着巨大差异性。成人脚掌脂肪量少、肌肉坚强、脚趾内收,各部位发育完成,而儿童的足骨尚未完成骨化,关节、韧带、足弓及神经系统仍处于发育过程中。因此,如果将童鞋视为"缩小版成人鞋",推出的童鞋产品不仅不舒适,而且会对儿童足部发育造成不良影响。

把握该市场痛点后，基诺浦将大量经费投入科研中，研发适合每个年龄段孩子的鞋品，其专门研究儿童足部生理解剖特征、不同阶段儿童的步态特征、儿童脚型和鞋楦数据，进而推出了适合6个月—11岁儿童足部成长的全新五阶段机能鞋，为家长提供更贴近儿童足部生长发育的解决方案，并将"更科学，真防护"的品牌理念传递给消费者。与此同时，基诺浦还与中国儿童健康鞋专家丘理、骨科专家徐海涛等共同呼吁家长关注儿童足部健康，俘获了万千宝妈的信赖和支持。

考虑到8—18个月的孩子开始学步，和孩子天性活泼好动，高频率爬行和站立的实际情况，基诺浦推出采用上包式凹凸纹理的机能鞋，进一步增大足部和地面间的摩擦力，辅助孩子从爬行转化为站立。与此同时，鞋子底部采用仿象足大底，进一步增大脚掌与地面接触面积，减少左右摇晃的概率，让孩子在学步过程中重心更稳，避免摔伤。此外，正确的1/3弯折还能引导孩子往正确的行走方向发力，培养良好步态，远离八字脚。凭借着科学研究而做的创新设计产品和权威专家背书，基诺浦引起了对童鞋消费有着核心主导权的宝妈们的深度共鸣，在童鞋市场迅速建立了差异化竞争优势。

在童鞋新赛道取得突破后，基诺浦并未止步，而是时刻关注用户价值需求的潜在变化，注重更多家庭对于童鞋的多元化需求，进行产品细化。而后，基诺浦推出鞋底最薄处仅1.6mm的本体感鞋，让孩子穿鞋后的体感如同赤脚，让足底神经可以敏锐接收地面刺激。并在此基础上，基诺浦还设计了涟漪纹防滑鞋底，可以在科学范围内提供更大的摩擦力，有效反馈地面刺激，这些技术创新和贴心设计就是为了鼓励孩子大胆探索世界，对于学步期的儿童帮助极大。此外，基诺浦还进一步联合中国皮革协会及业内权威机构，研究并起草制定《儿童机能鞋》团体标准，从而根本上确立了品牌在机能童鞋这个细分品类赛道的绝对领导力和影响力。

由此可见，挖掘未被满足的顾客需求和创新顾客价值对企业发展和强势品牌创建意义重大。对消费品品牌来说，产品是企业研发的结晶，更是品牌和用户的第一触点。以产品为基础，以市场需求为导向，创新顾客价值能为企业开辟出一个全新的高价值细分市场。而品牌只有发现洞察那些未被满足的需求，成为价值创造者、引领者，才能避开红海竞争，创造出独特的竞争优势和强大品牌势能，才有机会成为细分市场新的领导者。

强势品牌扩张的关键抓手：价值到价值观传播

戴维·阿克在《品牌大师》一书中提出了以品牌愿景取代品牌识别的理念，并且进一步将品牌愿景置于品牌定位之上，统领品牌系统。换言之，戴维·阿克认为品牌识别和品牌定位等构成品牌价值的基础部分已经不再那么重要了，最重要的是品牌愿景。现实的确如此，有着远大抱负和人类理想以及价值观的品牌，更能区分一般意义上以品牌价值传播为主的品牌。这些符合人类社会文明中的共同价值观且拥有远大理想抱负色彩的品牌愿景，不仅能激发更多利益相关者的共鸣，也能深刻激发员工的认同感，为用户提供源源不断的动力。

科特勒在其《营销革命3.0：从价值到价值观的营销》一书中指出：在营销3.0时代，消费者将会变得更加积极、更加主动、更加渴望拥有创造性，他们将会要求更多参与到营销价值的创造中来。消费者将会更多要求公司识别与满足他们最深层次的渴望与担忧，这种渴望可以被理解为消费者对人类最基本的共同价值观的重视与实现。如果企业要体现对消费者的尊重，就必须与消费者在价值观层面达成一致，并与消费者合作，基于共同的价值观指引，为改进世界与人类的生活而努力。在营销3.0时代，公司为消费者传递的是人类根本价值观的实践与参与感，在精神层面与消费者结为联盟，在人类所面临的共同重大问题上，和衷共济。

营销3.0时代最大的特征在于企业营销要从公司愿景与价值观入手，关注到社会可持续发展中所面临的问题，并通过新的经营手段和营销方式来推动社会的和谐增长。科特勒先生之所以提出3.0时代，是更多地关注到在产品与公司层面，进行功能与情感诉求已经走入了同质化，而在战术层面差异不大的情况下，企业应该回归到自己是"社会公民"的本质，以获取利益相关者的整体支持，这是全球倡导低碳经济，倡导企业社会责任，倡导可持续发展对营销活动要求的必然性呼应。对于企业来讲，以前在产品与服务上能够有效地把握住客户需求，让客户满意，能建立起品牌差异化优势，就可以赢得市场。而在新的时代里，企业必须更多地关注：不论是自己、还是企业面对社会的可持续发展能力，在营销中加入更多的社会人文关怀，强调在价值观层面的差异化，并主动承担更多的社会责任。

品牌价值包含商品功能利益、情感利益、自我实现利益以及社会型利益，在实际商业运作中，大多数品牌习惯在功能利益、情感利益或者自我实现利益层面做价值输出，而往往伟大的品牌更愿意从社会型利益层面表达输出，因为社会型利益更多代表了一个品牌的愿景使命和价值观，这种价值观往往更能承载伟大品牌的远大抱负和理想。

品牌愿景价值观运作最经典的案例，莫过于苹果的Think Different（不同凡响）。1997年，乔布斯回归苹果，在他的强力推动下，苹果展开了Think Different的品牌活动。苹果选出各个领域打破传统思维模式、具有反叛和革新精神的标志性人物，例如甘地、卓别林、爱迪生、毕加索、鲍勃·迪伦等，把他们的肖像印制在平面广告上以示致敬，只在角落里印上苹果logo和广告语。而加上了奥斯卡影帝理查德·德莱福斯配音版本的广告语则广为流传——致疯狂的人：他们特立独行，他们桀骜不驯，他们惹是生非，他们格格不入，他们用与众不同的眼光看待事物，他们不喜欢墨守成规，他们也不愿安于现状。你可以认同他们，反对他们，颂扬或是诋毁他们，但唯独不能漠视他们。因为他们改变了寻常事物，他们推动人类向前迈进。或许他们是别人眼里的疯子，但他们却是我们眼中的天才。因为只有那些疯狂到以为自己能够改变世界的人……才能真正改变世界。很少有品牌愿意将自己大胆的想法呈现给公众，苹果不仅这样做且还持续了5年，显而易见的是苹果已经实现了从宣扬设计精良的产品向宣扬"打破常规、大胆创新、勇于挑战"等品牌价值观的跨越。

可以说，苹果之所以能享誉全球正是和乔布斯一贯倡导的价值观输出密不可分。而这一价值观营销案例也被载入美国品牌发展史册。与苹果的价值观营销手法如出一辙的还有星巴克、耐克、特斯拉等品牌。星巴克不仅侧重于输出独特的用户体验和良好关系的品牌价值，更倾向于表达绿色环境保护主义者；耐克不仅侧重于宣扬商品的领先科技和优良品质，更在乎品牌对自由奋斗和运动拼搏的人类精神的宣导；特斯拉不仅是智能驾驶的最佳表现者更代表着人类对科技不懈探索的价值观。

而反观国内，商品过于丰富，品牌想尽办法创造各种差异化，但现实是我们很难再像20世纪90年代和21世纪初那样单纯从商品功能利益出发去构建一个强势品牌。我们正在经历消费升级，新的消费人群诞生了新的新消费文化和需求，这些新需求的典型特征是高于物质的理性层面，偏向于情感以及价值观的感性层面。新的消费文化更加认同平等公平、打破传统束缚、追求美好幸福生活、努力奋斗、环保健康、挑战创新、探索冒险等现代意义的价值观。

新商业时代，创建强势品牌，就需要从传统以功能利益为主的价值传播转型到以情感共鸣为主的价值观传播。以内衣行业为例，内外（NEIWAI）能在众多品牌中脱颖而出，和其品牌高度关注女性内衣自由，打破束缚释放自我的价值观息息相关。

内衣的潮流变化不仅是服饰消费趋势的变化，更是女性自我意识觉醒的现实印证。因为内衣是女性的"第二层肌肤"，也是"她消费"的核心板块。从内衣行业的发展趋势来看，萌芽阶段消费者更为注重内衣的"固定、保护、卫生"三大功能。此后，随着性感意识主导，"以大为美""聚拢悦人"驱动市场全面变革。而随着女性独立自主意识的全面崛起，舒适感取代了性感，并成为内衣产品的重要标签。从"悦他"到"悦己"消费，女性更关注自身舒适感受和无压体验，无钢圈舒适内衣成了市场风向标。在女性对内衣的消费参考标签方面，舒适＞有型（功能）＞美观＞场景，"无束缚""轻薄""舒适"成为核心关键词。

内外借势而起，倡导"舒适+有意义"的设计风格，成为女性挚爱品牌。而早在品牌成立之初，内外就提出了"做一件让人身心自由的内衣"

的品牌主张，这在"钢圈内衣时代"显得格格不入。但内外坚持输出其品牌理念和态度，进行对品牌意识形态的精准表达和品牌故事的生动传递，从而激发消费者对品牌理念的认同，唤醒情感认同。

随着"无束缚"时代到来，内外更注重对"自由"价值观的输出传导。一方面，内外特邀舞者谭元元、导演麦子、演员杜鹃，以知名女性的职业背景故事为契机，呼吁社会上的女性卸下伪装，与自己来一场真实的对话，借此表达品牌内涵，引发人们对品牌的关注和了解。在此基础上，内外以素人女性为焦点，让很多有身材焦虑的女性用真实的故事展现真实而多样的身体之美。在引起更为广泛的社会共鸣的基础上，内外不仅推出一系列主打"无束缚""轻薄""舒适"特色的内衣产品，更是让"一切都好，自在内外"的品牌价值观深入人心。尤其是在聘请王菲作为品牌全球代言人后，王菲所代表的独立自主、真实自我个性和内外"自在内外"的调性高度契合，品牌价值观赢得了更广泛女性群体的认同。

此外，品牌通过参与公益活动，体现社会责任，也是传递核心价值观的重要途径。通过参与公益活动、关注社会问题，展示出品牌对于核心价值观的实际践行，可以从更深层面赢得用户的认可和支持。美体小铺就是聚焦人文关怀和环保理念的品牌价值观传播，从而成为英国知名护肤品牌。

主打纯天然、健康特色的美体小铺，用户涵盖多个人群，其美容美体保养品多达数百种。从品牌创立起，美体小铺就坚持四大理念：坚持反对动物实验、支持社区公平交易、提倡自觉意识、捍卫人权和保护地球。正如其品牌创始人安妮塔·罗迪克所说："一个真正成功的企业，应该心里除了钱还有些别的东西。"在她看来，品牌需要建立自己的价值观，必须在品牌战略、产品、文化上向社会传达其观点。这种"有原则获利"（Profits with Principles）的企业经营理念让美体小铺拥有了与众不同的品牌个性和魅力。

在环保领域，数十年来，美体小铺"投身环保、有责任心"的品牌形象已经深入人心，其一系列环保意识和环保主张更是获得了众多消费者的共鸣。从"3R原则"（减少使用、回收、再利用）到空瓶回收计划；从"拯救鲸鱼"活动到"停止燃烧"活动；从发表环境保护声明到在全球范围开展"防止地球变暖"运动……创始人安妮塔·罗迪克身体力行，带动美体小铺积极投身于各项公益环保活动中，让"环保、自由、和平、家庭、责任"这些正能量价值标签和美体小铺紧紧联系在一起。可以说，这并不是美体小铺刻意为之的公关活动，而是其品牌价值观和商业理念的真实体现。对于消费者而言，之所以选择和认同美体小铺的产品，并不仅仅在于认同产品的功能性，更多的是源于对其品牌价值观内涵的认同。

品牌深入社会公益事业，可以让品牌在传递使命价值观的同时，与消费者形成更为牢固的情感纽带。TOMS帆布鞋"One for One"的成功便是最佳佐证，其凭借社会公益理念的倡导和输出让品牌与众不同。

所谓One for One，即买一双，捐一双。这不仅是汤姆鞋创立初的一次公益活动，更是长期坚守的品牌价值观。2006年，TOMS鞋业创始人布雷克·麦考斯（Blake Mycoskie）在阿根廷旅行时首次提出，品牌每售出一双鞋后，会为亟须鞋子的儿童免费捐赠一双新鞋。其创立的品牌TOMS取自于Tomorrow's Shoes，寓意就是"明日之履"。按照他的设想，TOMS将通过这种公益模式，帮助更多人重新燃起对未来生活的希望。随着"卖一双，捐一双"的故事被美国权威媒体《洛杉矶时报》报道，这种全新的商业模式得到了无数人的响应支持。TOMS单日订单达2200份，首月，销售上万双鞋。随着相关话题持续发酵，诸多明星达人和潮流人士加入宣传，TOMS的品牌知名度火速提升。

TOMS之所以获得市场和消费者认同，原因在于其"卖一捐一"不单是商业噱头，而是持之以恒的公益行动和品牌价值观的传播。在One for One模式大火后，TOMS先后在2011和2014开启了"护眼行动"和"捐赠饮用水行动"，同样是"卖一捐一"模式。前者是每售出一副太阳眼镜或者镜框，TOMS就会帮助一名患者恢复视力；后者是每卖出一袋TOMS咖啡豆，品牌就会为一个用户提供一周140升饮用水，这种商业模式在TOMS不断扩散延伸。短短7年时间，TOMS就为全球儿童提供超过千万双新鞋，帮助15万患者重见光明。"汤姆鞋模式"也成为新兴的零售模式，被很多行业参考模仿。

可见，品牌注重价值观传播，特别是在人文关怀和环保公益领域展现企业的商业理念和社会责任可以让品牌自带"光环效应"，消费者也会更加信任和支持相关产品，价值观传播所引发的情感共鸣会让品牌与用户关系更为稳固和深入，也是强势品牌市场扩张的核心抓手。

强势品牌增长全新运营理念：用户增长

互联网创业者肖恩·埃利斯出版《增长黑客——如何低成本实现爆发式成长》一书后，用户增长这一全新商业理念风靡商业界，也宣告了品牌进入用户增长驱动阶段。《增长黑客》的精髓在于通过快节奏测试和迭代，以极低甚至零成本获取和留存用户。与此同时，肖恩·埃利斯在书中还给出了在需求验证后，如何获客、激活、留存以及如何赚取更多利润的方法。他还提出品牌方需要设立一个专职的用户增长部门，它是介于技术和市场之间的新型团队角色，主要依靠产品、技术和数据的力量来达成各种营销目标，而非传统意义上靠砸钱来获取用户的市场推广角色，因为其团队成员可以通过通盘考虑影响商业项目发展的因素来提出基于产品本身的改造和开发策略，以切实的依据、较低的获取成本、可控的风险来达到用户增长、活跃度上升、收入额增加等商业目的。

用户增长方法论最早来源于美国硅谷互联网公司的实践。爱彼迎、谷歌、Meta、领英（LinkedIn）、亚马逊等互联网企业，就是通过设定用户增长专职运营部门实现商业扩展的。而后国内拼多多、天猫、支付宝、微信、滴滴也纷纷深耕深度用户运营。虽然互联网行业的产品有开发、测试、迭代的持续完善过程，消费品往往不允许将不成熟的商品大规模上市，行业间有着天壤之别，但通过用户增长的方法论来实现强势品牌打造和业绩增长同样适用于消费品行业。

新商业时代，传统平台电商流量红利消失，品牌线下渠道获客成本居高不下，这些现实的商业挑战逼迫消费品企业不得不思考如何低成本实现用户的获取、激活、留存以及更好变现，这对处于困境的消费品品牌有着现实意义。我们通过瑞幸咖啡和巧虎两个案例，来剖析消费品行业品牌如何运用用户增长来助力品牌强势发展。

以用户增长驱动品牌强势扩张和业绩倍增，并不是狭义地扩大产品用户数量，而是涵盖产品获客、激活、留存、变现、复购各个阶段的深度用户运营，强调用户体验和互动。瑞幸咖啡作为咖啡赛道的新力量，创立之初就瞄准一、二线成熟新中产白领人群这一目标客群。针对中国消费市场特点，瑞幸咖啡首先借助社交流量主打爆款获客，利用老用户拉新，通过"小程序发券"的好友邀请相互获利这一裂变营销方式快速实现用户数量增长，获取了稳定的客流量。在渠道端，瑞幸在主打产品性价比优势同时，围绕年轻消费群体喜好和生活习性，在年轻人生活、工作和学习聚集区如写字楼、高校、城市等新兴区域开设门店，扩大了品牌服务范围。

而后，瑞幸不仅邀请当红明星张震、汤唯为品牌代言，还通过一系列组合打法精准吸引用户群体。简约的蓝色广告语"这一杯，谁不爱"，牢牢抓住了现磨咖啡的消费者对精致生活追求的心理，深受知性白领用户的情感认同。与此同时，通过和星巴克的关联绑定进行借势营销，进一步凸显品牌定位与性价比优势。

为了进一步把用户思维发挥到极致，瑞幸咖啡将品牌营销和用户运营整合成一个部门，将品运合一的理念贯彻到经营发展中，一切以用户为导向。瑞幸咖啡高度注重社群营销，在App、微信小程序和企业微信群全面建立私域流量池，让用户复购率和活跃度得到充分保障。据不完全统计，瑞幸咖啡企业微信好友已达800万—900万人，拥有3万多个社群，覆盖450万群成员，平均每月新增群成员稳定在50万—60万人次。通过多媒体营销矩阵和视频号常态化直播输出，私域流量急速猛增。

在用户引流和留存基础之上，瑞幸咖啡将用户增长战略的另一个着力点放在产品端，持续推出深受目标客群与私域用户喜爱的爆款产品。2021

年推出生椰拿铁，单月销量突破1000万杯；2022年推出椰云拿铁，销量突破2400万杯……和众多传统咖啡品牌不同，瑞幸咖啡坚持本土化战略，通过推出符合中国年轻人口味的爆款产品，借助大量的本土化营销，让产品更加符合市场需求，拉近了品牌与用户的距离。

用户增长就是一道道复杂的用户运营命题。要考虑用户在哪？用户消费的诱因是什么？怎样将用户留存下来？这些贯穿整个用户生命周期的小命题，正是强势品牌需要不断创新优化的重点。早教知名品牌巧虎则是通过链接万千妈妈，借助用户增长实现品牌强势发展的又一例证。

巧虎品牌以乐智小天地玩具为核心产品，依托巧虎IP，衍生出了丰富的周边商品和内容作品。虽然巧虎在早教市场深耕多年，但也面临着产品单价高、行业同质化竞争严重、获客渠道单一等诸多问题。而后，其抓住妈妈群体在早教消费中的主导地位，通过用户增长实现了破局。

巧虎产品主要针对1—7岁的婴幼儿家庭，其内容作品蕴含着很多教育理念，倡导教会孩子遵守规矩、谦卑有礼以及日常习惯的养成。而这些教育理念正是中国妈妈们长期面临的育儿困扰，这让巧虎的市场布局有着先天优势。为了能深度触达妈妈群体，巧虎开启了全链路消费者运营模式。

一方面，巧虎充分做好产品测试、消费者分层、对应权益机制、激励手段、会员传播分享机制等。另一方面，巧虎通过品牌专区、智钻付费模式、客服团队引导等工作，做好全链路消费者运营落地执行，精准洞悉消费者心理，玩转口碑营销与用户裂变。在上海举办的"秀宝宝 拍大片 上大屏"口碑活动中，巧虎充分契合宝妈们的"幸福晒娃"心理，通过助力宝宝成长印记亮相广告大片的方式，赢得了无数妈妈用户的支持。这种低成本高效率的获客增长与营销转化模式，让品牌更具亲和力。

在2017年春节假期结束后，巧虎联合多个合作伙伴共同推出朋友圈原生广告和展示型H5，以"宝宝与妈妈对话"的形式，展现出"宝宝世界"与"妈妈世界"对撞的走心效果。引起了90后新生代宝妈的情感共鸣，让她们对巧虎的品牌理念有了更深入的了解和认同。为了拓展新用户触达渠道，实现品牌IP内容精准渗透核心用户，巧虎更是在生态合作中全面突破。以"内容共建、渠道共营"的全新模式，携手与小企鹅乐园，将巧虎的幼儿教育会员内容引入小企鹅乐园，实现了会员体系的互联互通。

可以说，巧虎一直将研究妈妈用户群体作为用户增长的核心抓手。2023年9月，巧虎更是联合艾瑞咨询正式发布了《2023年中国婴幼儿早教消费洞察》报告。其通过早教专家访谈模式，全面了解了婴幼儿早教需求人群妈妈的生活状态与生活态度。这些研究洞察，有益于巧虎与新生代妈妈群体建立持续的互动关系，也为巧虎未来强势增长打下了坚实基础。

瑞幸和巧虎的成功案例说明消费品品牌也可以通过用户增长模式来实现品牌强势增长。可见用户增长正在成为强势品牌运营的全新理念。商业环境的变化要求品牌不得不从用户体验和互动出发，用户增长带来的强势品牌效应是渠道分销和流量购买或者大规模广告无法比拟的。

弱势品牌逆转成功的关键变量：品牌承诺和顾客关系

在戴维·阿克看来：对许多公司来说，感知质量是一种关键的战略变量。在一项研究中，250多名经理被要求确定企业持续的竞争优势，其中感知质量这一品牌资产被提到的频率最高。追求高标准品质质量的公司往往通过保证交付高质量商品或者保证对客户不满意的使用体验进行良好处理的方式来展现品牌价值。而拥有绝佳质量标准的品牌往往敢于向消费者公开承诺，这大大有利于提高品牌满意度以区别于同行，帮助品牌构建与消费者可持续的良好关系，助力弱势品牌逆转成功。

自20世纪90年代开始，品牌思想主要视角已经从品牌自身转移到了"品牌—顾客"关系，品牌关系成为新的思想制高点。顾客关系理论经历了从早期的品牌感知、顾客满意、品牌体验到用户参与、品牌社群几个发展阶段。《品牌崇拜：打造受人爱戴的商业帝国》一书更是升华了"品牌—顾客关系理论"，认为顾客因品质而信任品牌，因品位而产生品牌情感乃至品牌挚爱，因品格而尊重品牌甚至崇拜品牌。从"至信"到"至爱"再到"至尊"，这是品牌—顾客关系的三大境界。

以星巴克为例，星巴克在20世纪90年代以独特的咖啡文化体验取胜，这在《星巴克体验》、星巴克创始人霍华德自传《一路向前》两本书中不难看出。在那时，体验星巴克第三空间独特的美式咖啡文化成为中产阶级们趋之若鹜的时髦行为。而在2008年以后，星巴克实施了新的以顾客关系为核心的品牌战略，随之，星巴克宣布所有路人即使不购买消费也可以无偿使用星巴克卫生间，并且开展热心关注社区文化和帮助街头流浪汉的系列活动。星巴克将基于现有用户的良好品牌体验，扩展到更大范围的品牌与其他潜在顾客关系，拓展了星巴克用户边界，使其不再局限于服务小资人群和中产阶级，这一顾客关系的视野拓展和升级助力星巴克成为和可口可乐、耐克比肩的美国国民消费品牌。

在中国市场，以品牌承诺和顾客关系驱动品牌强势发展的案例非雷克萨斯和蔚来汽车莫属。雷克萨斯在进入中国市场后，面对BBA的强势竞争，选择在服务质量和品牌承诺上发力。尤其是在中国发布了"矢志不渝、追求完美"的品牌口号后，雷克萨斯更是致力于在各个方面给客户创造超越期望的体验，全面践行品牌独特的以用户体验和关系为主的经营之道。

服务一直是雷克萨斯高度重视的品牌竞争要素，大名鼎鼎的"雷克萨斯承诺"（"雷克萨斯会对待每一位顾客犹如我们在家中招待来宾一样。"）深入人心，也成为其独特的竞争优势之一。在中国市场，为了了解用户痛点和刚需，雷克萨斯专门对众多豪华汽车品牌车主进行了调研拜访。结果显示，有超3/4的受调车主对豪华车最大的不满在于售后服务。于是，雷克萨斯率先推出了4年或10万公里的免费保修及免费保养服务承诺，并于2007年推出油电混合动力车型6年或15万公里的免费保修及免费保养服务承诺，有着优异品质质量的雷克萨斯给出的品牌承诺一经推出就引发行业震动。此外，雷克萨斯还相继推出零配件24小时配送、全年24小时道路救援、为事故车车主提供备用车计划。甚至，雷克萨斯还将服务延伸到更深层次，先后推出雷克萨斯专属金融方案与专项保险等业界领先的人性化服务，再次展现出客户至上的经营哲学。

"不断超越客户期待、提供尊崇的人性化服务"，这是雷克萨斯履行的诺言。为了保持品牌和顾客良好体验关系，雷克萨斯更是投入了大量企业资源培养符合雷克萨斯之道的服务人才。比如在售后服务人才储备方面，雷克萨斯就连续多年举办中国售后服务技能大赛，并且把该项赛事作为雷克萨斯培养和选拔售后服务人才的重要平台。在比赛中，雷克萨斯激励售后服务人员相互切磋、交流至诚服务之道，进而将更优质的服务体验传递给更多的客户，也在无形中展现了顾客至上的品牌理念。

此外，雷克萨斯还通过一系列的门店改善活动持续提高服务满意度。在店内设置透明走廊方便维修保养车主实时查看进度，在业内率先提供高品质咖啡和影音娱乐休息区以及儿童活动区等。正是因为持续的坚守，雷克萨斯常年保持J. D. Power（君迪）满意度调查排行榜榜首，构建了超越BBA待客水准的完美客户体验。

雷克萨斯始终将品牌承诺和顾客关系放在首位。而后推出的全新纯电动车型RZ，设置了专门针对全新RZ的高保值承诺。该承诺为购买全新RZ的客户提供了一年内以90%的保值率置换雷克萨斯品牌车型的机会，以及80%的保值率置换非雷克萨斯品牌车型的机会。汽车保值率一直是国内市场用户关注的焦点，雷克萨斯推出创新的车型保值承诺，进一步巩固品牌和客户良好关系。高保值承诺成为雷克萨斯新能源时代的"价值观"，也为消费者带来了更多的选择和信心，助力雷克萨斯在竞争激烈的市场中脱颖而出。

和雷克萨斯一样，蔚来汽车同样通过实施品牌承诺和顾客关系为导向的经营实现了品牌逆转。新造车势力品牌众多，从产品创新角度来说，蔚来汽车并不占优势。然而在品牌承诺上，蔚来汽车足以成为整个行业的典范。蔚来汽车官方曾发表声明，其创始人李斌拿出所承诺的5000万股成立用户信托，这份用户信托就是将企业的利益和产品的用户群体牢牢绑定，真正实现企业和用户的共赢。

在展示和推广产品的过程中，蔚来汽车也在品牌承诺和顾客关系层面处处彰显着品牌格局。在2019年上海国际车展期间，蔚来将NIO house（牛屋）用户中心直接复制到了车展展台，让每一位看客都能近距离享受到蔚来为用户提供的高品质服务。此外，蔚来NIO house还支持用户举办分享会、生日派对、个人音乐会，用户还能预约参与演讲、设计、生活方式、极速赛车等主题活动体验。作为蔚来品牌价值向线下服务的延伸，它真正体现出"第二个家"或"第三空间"的概念。尽管从产品来看，蔚来推出的新品在核心技术上并没有明显的过人之处，考虑到充换电服务一直是纯电汽车用户关注的重点，蔚来另辟蹊径，主打推广超级充电桩和换电站。此前这项服务仅供蔚来车主使用。在2019年上海国际车展，蔚来汽车让所有品牌的纯电动车用户都能亲身体验。

在蔚来的品牌理念中，"服务"和"拥有感"是两大核心关键词。蔚来与用户之间的关系，更像是朋友与家人的关系。以蔚来的"车生活"服务体系为例，它不仅仅是传统的汽车服务后市场概念，而是包括从充电、换电，到车辆的维修、养护，再到车主之间的社交空间等。在服务端，蔚来绕过4S店等服务机构，直接对接用户提供兜底保障。甚至，用户在服务过程中有任何不满或者意见和建议，都能将相关反馈传递给蔚来的高层领导甚至CEO李斌。可以说，从车、服务、数字化触点、车以外的生活方式四个维度，蔚来汽车全面融入了用户的生活方式，将品牌承诺和顾客关系真正转化为品牌的核心竞争力。

在消费升级中诞生的新消费品牌和重新定位中高端市场的弱势品牌，依旧存在逆转机会。当品质商品已经不能给品牌带来差异化优势时，品牌承诺和顾客关系或许是一个值得思考的战略方向，雷克萨斯和蔚来的成功算是很好的证明。

强势品牌产业链制胜法宝：供应链升级

对很多消费品品牌来说，市场竞争早已白热化。分销、推广等营销手段极容易被掌握和复制。而对于上游供应链的把控以及生产研发资源整合则是一种复杂的经营能力。供应链升级是企业构建一套差异化运营方式的核心部分，它考验的不仅仅是企业与供应商之间的协同效果，更考验双方对于上游原料资源的掌控力度和对下游商品销售的联合营销力度以及对消费趋势的引导水平，换言之，供应链是支撑消费品品牌高水平市场营销活动开展的基础。因此，供应链升级已经成为强势品牌赢得竞争的关键选择和产业链制胜法宝。

供应链的高质量管理水平可以为品牌的稳定供应和感知质量提供保障，可以让品牌在核心原料以及趋势性产品上拥有更多选择和赢得市场先机，为品牌方的品牌定位以及市场宣传提供关键背书。可口可乐曾经垄断了南非蔗糖产业长期为其提供低价蔗糖原料；星巴克在咖啡豆种植上超高的把控能力为其高品质咖啡提供了保障；同样，国内茶饮行业近年来纷纷进入茶叶种植端，涉足源头供应链。飞鹤、元气森林、农夫山泉这三大强势品牌皆是如此。

国产奶粉品牌飞鹤，是中国第一个婴幼儿配方奶粉专属产业集群品牌。2022年11月24日，飞鹤奶粉一举荣获ROI-EFESO（瑞欧盈-埃非索）工业4.0中国奖，其智能供应链优势得到了业界的高度评价。可以说，飞鹤升级奶源供应链管理水平，为更适合中国宝宝体质的品牌定位奠定了坚实的物质基础，也从实质意义上树立了品牌的差异化竞争优势。

奶粉行业横跨一、二、三产业，涵盖了饲草种植、奶牛养殖、奶粉加工、仓储、物流、销售等众多环节，任何一个环节出现问题，都会影响到企业发展和品牌发展。随着奶业市场竞争持续升级，飞鹤将供应链升级作为品牌战略的核心任务。而后通过WCSC（World Class Supply Chain，世界级供应链）运营体系和供应链4.0双元战略，飞鹤打造出了"新鲜、安全、敏捷"的供应链体系。特别是自2020年开始，飞鹤一步步完善优化了供应链体系，全面建成"1+6+3"集成供应链管控模式。其中，以SOP[1]流程运作体系为基础，飞鹤的产品供应前置期缩减25%+，销售预测准确率高达70%+，供应商分级和物料分类管理策略进一步优化，不仅解决了供应紧缺原料"卡脖子"问题，产业布局和规划也更为科学和高效。飞鹤在北纬47°的"黄金奶源带"上打造了中国婴幼儿奶粉行业内首个"农牧工"三位一体的专属产业集群，实现了从源头牧草种植、规模化奶牛饲养到生产加工、售后服务各个环节的全程可控。基于全产业链整合模式，飞鹤建立了全过程控制体系，全面提高源头掌控能力，保证每罐奶粉可溯源，最大程度确保了产品安全和品质，为更适合中国宝宝体质的国产奶粉这一品牌定位提供了关键的信任背书。

与此同时，飞鹤采取差异化运营模式，将工厂分为成本型和灵活型两类，还建设奶粉铁罐及塑料盖的"厂中厂"模式，打造中央仓，以线路不跨省为原则布局区域仓，全面提升物流配送效率。乳铁蛋白智能化生产线的成功更是标志着飞鹤全面数字化升级，在智慧供应链建设上迈出重要一

---

[1] Standard Operating Procedure，标准操作流程，又称"作业标准书"，将某一事件的标准操作步骤和要求，以统一的格式进行描述输出，以指导和规范团队的日常工作。——编者注

步。目前，飞鹤已经实现了全产业链与信息技术的深度融合与数据联通，同时在原料采购管控、订单生产、货品仓储管理、售后服务等方面颇具成效。

从根本上来说，供应链的设计和优化不仅可以帮助企业降低成本，提高效率，还能为品牌在核心品类赛道树立差异化竞争优势提供基础保障。元气森林得以在市场成功站稳脚跟就与早期找到优质的原料供应商有关，它摒弃了饮品界中传统的阿斯巴甜、安赛蜜等甜味剂原料，选用价格更高的赤藓糖醇作为代糖原料，主打0糖0脂0卡定位，凭借供应链优势赢得健康饮料市场先机。其推出的0糖0脂0卡概念与饮料市场健康消费趋势深度契合，凭借着好味道、好品质、好成分、好颜值的优势，元气森林迅速成为该品类的定义者和引领者，而赤藓糖醇的供应商也从一个小企业快速发展起来。

为了跟上市场节奏、实现快速发展，元气森林自2019年就围绕"5大超级城市群+自建工厂"的战略布局强化供应链。可以说，元气森林的供应链建设计划源自品牌危机感。因为在国内饮料市场，统一、康师傅、可口可乐等外资巨头长期把控生产线和供应链，元气森林随时面临"断供"风险。元气森林在起步阶段虽然选择了代工，但深知掌握自主供应链的重要性，在市场站稳脚跟之后就开始花费10亿元在安徽滁州建了首家工厂，牢牢把控好赤藓糖醇这一核心原料供应，通过自建工厂完善供应链，元气森林改变了过去依赖代工被"卡脖子"的尴尬局面，掌握了市场竞争的主导权。随后元气森林在安徽滁州之外的广东肇庆、天津西青、湖北咸宁、四川都江堰均投入建设自有工厂，全面覆盖了华南、华北、华中、华东及西南地区，这让品牌在市场竞争中更具底气。

到了2021年，元气森林高调官宣其"三0工厂"战略（0防腐剂、0污染、0碳），宣布旗下全线产品不再添加苯甲酸钠、山梨酸钾等人工防腐剂。而后推出的可乐味气泡水，还去除了传统可乐所含的磷酸，以天然的柠檬酸取代了柠檬酸钠，用巴拉圭茶提取物取代传统可乐的人工咖啡因。这些最新的产品成果，进一步强化了元气森林健康饮料的品牌形象，为元气森林与可口可乐以及统一、康师傅、农夫山泉等传统饮料巨头展开差异化竞争提供了充足"弹药"，而这背后，离不开元气森林原料供应商和强大生产供应链的支撑。

和元气森林相比，农夫山泉通过在全国寻找优质水源地建厂，并且持续升级供应链，从而自主掌控优质水资源，打造难以复制的供应网络优势实现了强势品牌的打造。众所周知，饮用水之争的核心在于水源地之争。早在20世纪90年代，农夫山泉坚持倡导天然理念，在水源地建厂。

自2000年宣布生产天然水以来，在20多年时间里，很多饮用水企业专注于生产纯净水，而农夫山泉却走上了一条高成本、长周期的水源地工厂建设之路。2023年9月，总投资12.5亿元的农夫山泉黄山基地项目正式开工，农夫山泉在全国布局的水源地增加到13个，其中包含了千岛湖、长白山、丹江口、武夷山等众多知名水源供给基地。围绕优质水源地建设开发工厂提高供应链效率的做法，为农夫山泉健康天然水的认知提供了强大的事实依据和信任背书，也为农夫山泉与其他纯净水品牌展开差异化竞争提供了有力武器。可以说没有这一关键动作的落地，农夫山泉"大自然的搬运工"这一品牌口号只是空谈。

通过对水源地工厂的持续打造，农夫山泉拥有了独此一家的庞大水源地网络。其中，万绿湖、千岛湖、峨眉山、丹江口、雾灵山水源地分别位于珠三角、长三角、成渝、湖北、京津冀这五大消费腹地。按照农夫山泉的规划，广东万绿湖水厂和武夷山水源地工厂供应华南市场；湖北丹江口水厂服务对应华中市场；浙江千岛湖水源地工厂聚焦华东市场；长白山和天山水源地基地发力华北市场，其他水源地则供当地市场。这种"分布式产能+就近区域供应"的模式有效缩短了产品运输半径，在控制物流开支的同时缩短产品从生产到上市的周期，大幅提升了农夫山泉的运行效率和企业毛利率。

在深耕水源地建设的基础上，随着农夫山泉逐步涉足果汁、功能饮料、茶饮料等其他软饮料业务，农夫山泉在数字化供应链建设上也进行了持续升级。一方面，在瓶装水供应链上，农夫山泉率先引入JDA（Joint Distribution Adaptation，联合分布适配）供应链计划系统，实现全流程业务信息化。另一方面，农夫山泉建成仓配一体的现代物流体系，农夫山泉芝麻店，瓶装水自助贩卖机无处不在，进一步凸显出供应链建设的独家优势。

强势品牌在供应链升级的过程中，必须专注在产业链中关键的竞争变量环节增强自主可控的能力建设。尤其是产业链分工日益细化的当下，企业既要在产业链里构建更加紧密、安全高效、循环畅通的外部供应链合作体系，又要根据产业与市场需求、自身发展规划，建设科学高效、自主可控的供应链运作模式。行业与市场在不断变化，而针对供应链的升级已经成为企业在产业竞争中保持优势和品牌制胜无法回避的现实问题。

强势品牌差异化价值塑造手法：美学设计

传统营销经理和产品经理都比较重视产品功能为消费者带来的使用价值，因此他们花费大量时间致力于和竞争对手比拼产品品质，或者投入大量研发资金提升产品性能，直到产品与竞品不相上下。无可否认的是，这种对品质和性能的不断追求是企业赢得顾客偏好的必选之路。但现实问题是产品品质和性能往往难以形成明显的品牌区隔，不足以支撑强势品牌溢价能力，或者建立区隔需要较长时间。比如，雷克萨斯在中国市场通过长达数年的顾客关系积累才形成和竞争对手的有效区隔。

然而，商业竞争的现实需求并非如此。品牌方大都希望通过更快的手段方法实现品牌差异化价值塑造和强势品牌的创建。如今大多数顾客对无个性或无美感的产品以及自嗨广告所提供的商品，无法引起自身内心认同和共鸣。随着新的消费升级需求和新的消费文化的诞生，市场出现了从产品消费向生活方式消费或价值观消费转变的趋势。消费者更愿意购买选择符合他们的情感态度以及价值观取向，或代表某种他们所向往的生活方式的品牌。这种品牌往往能通过品牌个性化的美学设计给消费者带来差异化的价值体验。

美学设计在商业竞争中虽是一种常态化的商业手段，但职业经理们只把它当作一种提高品牌视觉美感的方法，并未上升到品牌战略层面。在汽车、家电、家居等耐消品和咖啡、饮料、巧克力等快消品以及服饰鞋包等奢侈品行业，大量商业案例表明，品牌个性化的美学设计将会开创引领一种独特风格造型，而这种风格将是品牌脱颖而出成为强势品牌的主要推动力量。例如比亚迪的龙脸设计引领了国潮风格的汽车造型，戴森的美学设计开创了轻奢家电的造型风格，三顿半、永璞等美学设计引领了速溶咖啡的回归，健达和MM豆独特的造型设计让品牌在竞争激烈的巧克力市场找到了细分市场，LV箱包的印花设计以及爱马仕丝巾的独特图案设计更是成为品牌崇拜的图腾。

在国内市场，同样不乏在美学设计上做出标杆效应的强势品牌。红旗汽车重回高端市场，就是以美学设计引领中国汽车风格的典范。作为中国一汽孕育的首个国产汽车高端品牌，红旗见证了民族汽车工业的辉煌发展。作为行业旗帜，红旗进入新的发展周期同样承载着产业升级的使命，尤其是在发力高端市场后，红旗专注于在汽车市场上建立文化自信。在2018年的红旗品牌盛典上，新红旗就确立了以"尚·致·意"为关键的设计语言，明确了"中国式新高尚精致主义"的品牌理念。在美学设计领域，新红旗致力于将中华优秀传统文化和世界先进文化融合，打造出高科技含量并能够彰显精神境界与生活品位的出行伙伴。其一系列产品展现出的豪华、优雅、大气、气势恢宏的设计元素，也充分展现出了中式神韵的传承与发展。

随着元宇宙的兴起，红旗的美学设计理念也在与时俱进。在2022年红旗元宇宙盛典上，红旗以场景主导的设计美学被推向了新高度。在演绎"尚·致·意"深刻内涵的基础上，红旗进一步诠释了新能源设计美学。其中，"旗贯山河、紫气东来"的旗标、"神采飞扬、展翅翱翔"的分体式大灯、"澎湃活力、生生不息"的格栅等产品设计都是中式美学的精髓所在。在市场爆火的一汽红旗H9更是体现了中国传统经典美学，极尽展示了"中和之美"。可以说,新红旗在持续输出中式豪华品牌价值理念的同时,也融入了新时代美学文化的内涵,国潮流行和国货崛起更是为新红旗提供了巨大的品牌势能。

通过极具时代感的美学设计对既有的文化遗产加以提炼,可以将传统文化与现代人文价值观相连接,让更多的人了解品牌价值理念的内涵,追求产品背后的精神价值。其中,茅台在经典国风美学设计方面为众多品牌树立了标杆。以贵州茅台生肖酒为例,每一瓶包装上都有一幅国画和书法作品,酒本身也成了文化收藏的一部分。根据天干地支、五行确定贵州茅台生肖酒的主色调,以此表达生肖文化,茅台让酒瓶在兼具实用性的同时,成为传统文化和茅台美学理念传播的载体。

为了升级商品文化,将美学的表达做到极致,茅台提出了"五维美学",从空间、时间、人物、科学、文化五个维度具体阐释茅台的美学表达。进入2023年以来,茅台始终坚持以美的产品、美的服务去满足人们对美好生活的向往和追求。在美学设计上,茅台以融合思维呈现独具魅力的东方美学元素,打造出了"茅台1935""茅台燕京八景""茅台悠蜜"等美学产品系列,让产品兼具品牌温度、文化厚度和品质高度。

以茅台二十四节气夏系列美学设计产品发布活动为例,二十四节气是中国人的时间哲学,浓缩着"天人合一""顺其自然"的哲思,更涵盖了独有的生命哲学、生命美学和科学价值,这些文化基因和茅台的美学理念深度契合。于是茅台在延续春系主题后在立夏提出了"清和立夏,美自天成"的主题,并在茅台厂区"光影茅台"、巽风数字世界和北京二十四节气公园线下线上同步举行系列活动,进而开启"美自天成"节气寻美旅程。在推出二十四节气系列美学设计产品的同时，围绕节气文化，茅台进一步将酒文化与自然、科技结合，用极富智慧和灵动的文化行动展现了对美学设计潮流的精准把握。从飞天茅台到十二生肖，再到二十四节气，茅台美学设计一路被模仿，但从未被超越。

将传统文化与茅台美学设计融合，成就一系列美学价值和美学典范，茅台逐步将美学理念升级为品牌战略核心，以美学设计提升文化软实力，为塑造强势品牌的差异化价值注入了强劲动力。如今，美学设计这股潮流趋势也席卷了整个高端白酒行业。除茅台之外，五粮液、洋河、郎酒、舍得酒业等白酒企业也纷纷结合自身文化属性进行现代美学设计，持续通过文化创新表达链接当代消费者，推动品牌与用户有效互动。

从红旗和茅台的美学设计案例中不难发现，企业灵活而精准地运用美学设计思维驱动品牌创新，通过美学设计由内而外地对产品的符号层、行为层、价值层等进行意义创新，既能为用户创造丰富的感官体验，又能从根本上提升品牌的附加价值和溢价能力。尤其对国产品牌而言，随着国潮热的兴起，东方美学全面复苏，中国传统文化受到越来越多消费者的追捧与喜爱，已经形成一种以文化传承、融合创新为主旨的新潮流。把握这种潮流趋势，通过行之有效的美学设计串联产品创新与市场营销，这将是塑造强势品牌、实现差异化价值的必由之路。

强势品牌创建必选方法：客户证言和第三方权威评测奖项

一个强势品牌的创建需要关注品牌可信性这一关键指标，在定位大师里斯看来，构建品牌"信任状"是品牌定位能够实施成功的关键步骤，可以从多个维度展开。其中，客户证言和第三方权威评测奖项是比较重要的两个维度。而在现实商业活动中，品牌通常忽略品牌可信性原则，以"认知大于事实"的作业理念投入大量广告费用抢占认知，短时间内建立起来的强认知后来又因可信性较低或争议内容影响强势品牌的创建，大大削弱了品牌势能。例如，极具争议的瓜子二手车"没有中间商赚差价"的大规模广告，以及被媒体广泛质疑的鸿茅药酒违法广告，都是典型的案例。

在低价的快消品行业中，这种忽略事实抢占认知的做法具有一定作用，但在耐消品和奢侈品行业，这种做法往往适得其反。一是由于耐消品和奢侈品商品单价货值高，消费者会比较理性地了解商品品质和价格水平之间差异；另一个原因在于消费者在选择高端品牌时，不单是考量商品的特性认知，更多基于品牌价值、用户体验和顾客关系等综合因素考虑。

像农夫山泉那样能够长期屹立市场不倒且势能强大的快消品品牌，或像香奈儿那样穿越经济周期和国家地域、被各个消费阶层所追捧的奢侈品品牌，又或是像海尔那样伴随一代人成长并持续获得几代用户拥抱的耐消品品牌，它们都具备一个共性：让品牌长期保持较高水准的可信性。为了实现这一目标，它们都选择通过客户证言和第三方权威机构评测奖项来展现品牌价值。而这正是创建强势品牌的有效方法。

在白酒行业，李渡是依托第三方权威机构评奖项建立品牌信任而快速崛起的最佳例证。在李渡声名鹊起之前，光瓶酒一度是低端酒、低价酒甚至劣质酒的代名词，市场上光瓶酒品牌繁杂，但少有品牌在高端市场占有一席之地。李渡虽然有元代国宝窖池的荣誉加持，但始终绕不开"酒香也怕巷子深"的困局，品牌在市场上的低认知度和美誉度，难以提升李渡酒的溢价能力。而后李渡积极围绕品牌可信性原则，一举在国际权威大赛——布鲁塞尔国际烈性酒大赛获奖，进一步夯实了国宝窖池酿酒的品质荣誉，在提升李渡品牌声誉同时建立起了强大的品牌势能。

作为全球规模最大、参赛厂商最多、评审机制最科学公正的烈酒顶级专业赛事，布鲁塞尔国际烈性酒大赛被誉为"酒界奥斯卡"。国内品牌中，飞天茅台、五粮液、洋河等知名品牌均在此赛事中有过不俗表现，但斩获两次金奖的品牌未曾有，而李渡是唯一做到中国白酒两次获奖的品牌。2015年，李渡高粱1955荣获布鲁塞尔国际烈性酒大赛大金奖；2019年，李渡高粱1308再次荣获布鲁塞尔国际烈性酒大赛大金奖，自此李渡声名大噪，高品质形象在光瓶酒市场与其他低端品牌彻底拉开了差距，市场销售全线飘红，即使是高价也抵挡不住消费热情，时常供不应求。2023年4月，珍酒李渡集团正式在港交所挂牌上市，成为7年来中国白酒行业唯一上市企业。与此同时，在品尝到第三方权威评测奖项带来的品牌赋能成果后，李渡酒业持续推动国家级非物质文化遗产申请工作，加速开启品牌发展进程。

同样，北美市场的热水器品牌领军者A.O.史密斯亦是如此。从品牌创立以来，A.O.史密斯充分认识到注重客户证言和第三方权威评测奖项为品牌带来的巨大裨益，在拓展中国市场时，定位于热水专家的A.O.史密斯，在媒体上以广告形式向数以亿计的中国消费者讲述一个真实可信而有着年代感的用户故事。一位笑容可掬的来自美国的家庭主妇，她站在正在洗澡的孩童旁边，说着这样的内容："我家的A.O.史密斯热水器，是父亲在50多年前买的，过了半个多世纪还在用它。"广告中出现的这位家庭主妇的言外之意是A.O.史密斯热水器经久耐用，品质值得信任！这个故事长年累月地通过各种媒体传递给中国消费者，逐渐树立起A.O.史密斯热水器专家品牌形象，当其他品牌都还在宣传热效率和安全防护卖点时，A.O.史密斯已经通过客户证言的背书，拉近了品牌和消费者的距离，建立了更加可信的品牌形象，与其他品牌形成了明显区隔。

除了客户证言外，拥有专利金圭内胆技术的A.O.史密斯获得的一系列国内外重磅荣誉更是成为品牌可信的权威背书。从2018年的"年度最具创新力家电品牌"大奖和艾普兰创新大奖到2021年第十一届中国家电营销年会上的"坚如磐石奖"等六项年度重磅荣誉再到红顶奖。多重权威奖项持续为品牌赋能，A.O.史密斯也彻底奠定了在高端热水器领域的行业领军地位，创建了热水器强势品牌，在中国高端家电市场独树一帜。

而在奢侈品品牌中，LV对客户证言也最为重视，其近20年来习惯于邀请真实用户出境拍摄真实旅行故事，从"故事性"的角度以客户证言方式传递LV独特的品牌价值观，这也成了LV打造强势品牌效应的主要方式。LV将旅行精神和品牌理念全面融入拍摄中，注重以画面效果引发用户共鸣。早在2007年LV推出了"Core Values"（核心价值）系列广告内容，表达出"旅行不仅仅是一次出行，它是一段自我发现的过程，生命本身就是一场旅行"的理念。通过不同人物故事性的表述和油画般的质感、精巧的细节、深邃细腻的环境以及公众人物真实内在的气质，LV对不同领域的人物背后的传奇人生进行生动演绎，进而用客户证言去体现LV的核心旅行观，让"Core Values"系列广告深入人心。

LV基于公众人物丰富的背景故事和强大的内在气质以及真实的使用体

验，再结合品牌自身个性汇聚成的独特客户证言模式，打破了传统奢侈品牌单纯请明星代言的传播方式，与其他奢侈品品牌的推广方式形成了明显区隔。品牌不再将人气明星或者创新产品作为主角，也没有让公众人物抢尽风头，而是讲述一个个精彩的客户旅行故事，让人浮想联翩、回味无穷，进而塑造一种超越产品的渴望，这正是LV打造强势品牌效应过程中的创新所在。

其实，无论是第三方权威评测奖项还是客户证言，其关键作用就是为品牌差异化形象提供真实背书，树立起超越对手的可信性，帮助品牌取得差异化的竞争优势。而客户证言和第三方权威评测奖项无法通过臆造达成，要想成为强势品牌，根本上还需要品牌方真正做到为市场为用户提供其他竞品无法比拟的价值体验。

强势品牌的最佳背书：原产地概念和特色原料品种

凯文·莱恩·凯勒在《战略品牌管理》中提到："当今世界正在日益成为一个文化大集市，消费者能够根据自己对不同国家或地区产品品质的认识，以及不同国家或地区所代表的形象，选择来自不同国家的商品。"[1]在欧美品牌的国际化扩张过程中，原产地概念和当地特色原料工艺乃至品种等给品牌提供了绝佳的背书。比如，意大利产地的品牌代表"浪漫和古典"，法国代表"奢侈尊贵和时尚"，英国代表"绅士和经典"，瑞士代表"精工"，德国代表"严谨"，北欧代表"环保简约"，日本代表"自

---

[1] 凯文·莱恩·凯勒.战略品牌管理:第4版[M].吴水龙,何云,译.北京:中国人民大学出版社，2014:231.

然匠心"等，异域风情赋予了品牌美好的联想，良好的原产地概念以及特色原料工艺品种，会推动人们以更高溢价去购买一个国家或地区的产品或品牌。

如今，欧美农业和食品已经成为高端品质的代表，波尔多葡萄酒、荷兰郁金香和乳制品、挪威三文鱼、德国黑啤和香肠、比利时巧克力、瑞士奶粉奶酪、意大利橄榄油、西班牙火腿、加拿大牛肉等等都成为举世闻名的原产地商品。越来越多的欧美品牌根据原产地特色的不可复制性，注重发挥品牌原产地的独特优势，利用地域优势资源进行差异化竞争。

在高端肉类消费品牌中，伊比利亚火腿堪称"肉中爱马仕"，吃着橡子自然生长的西班牙伊比利亚黑猪制作的黄金火腿，一直深受高端阶层消费者青睐。其不仅肉质弹性柔软，猪肉鲜香纯正，而且还带有独一无二的橡果香，而这与其原产地伊比利亚的环境息息相关。

其实，利比里亚火腿早在古罗马时期就名声在外，它以制作过程烦琐且耗时闻名，需要经过精选、腌制、晾干、熏熟等环节才能成就美味，而这核心就在于伊比利亚黑猪这一原料的特殊性。伊比利亚黑猪的历史距今已有5500年，是欧洲古生态系统唯一自由放养的猪，也是最接近野猪的品种。西班牙人历来崇尚自由放任。当地阳光充沛，气候宜人，黑猪自由奔跑在广阔的绿草地上，饿了吃橡果，渴了喝山泉。伊比利亚黑猪食用的天然橡果，是当地特有的名为"佩瑶塔"的果实。猪群长期以橡木果为食，可以让脂肪中胆固醇含量进一步降低，其含有的脂肪为精馏油酸，是类似于橄榄油那样的"好脂肪"，其中富含的维生素B群更被营养学家称为"优秀的抗氧化剂"。基于此，以橡果为主食的猪肉不仅带有橡果香味，而且营养健康。因此，拥有独特产地优势和特色原料品种的伊比利亚火腿售价水涨船高，成为欧洲九大传奇食材之一也就无可厚非了。

在国内市场，虽然我们已经开始了"地理标志认证"和"非物质文化遗产保护"工作，但是原产地概念以及特色原料工艺品种等商业价值发挥尚不充分。比如，云南宣威火腿和浙江金华火腿虽然作为特产在当地名气很大，也拥有原产地的地理标志认证保护，但是走向全国市场时，这些品牌总被限定在了特产的光环上，无法与西班牙伊比利亚、意大利帕尔玛火腿等竞争高端市场。一方面在于金华和宣威作为火腿原产地城市知名度有限，并且这两座城市的形象并未能赋予火腿品牌更高端的品牌联想；另一个方面则是国产火腿在猪肉原料和加工工艺甚至养殖方式上并未呈现出高品质的形象，在肉松和火腿行业中甚至出现了媒体报道的食品安全事件。相对而言，意大利和西班牙火腿除了强调绝佳风味和独特酿制工艺外，都特别强调原产地特有的猪种以及生态自然养殖方式，这给进口火腿的高端品质提供了绝佳的背书。

同样是高端肉类产品，加拿大极寒地带超长生长周期和谷饲养殖模式，则成就了加拿大牛肉卓越的质感和高端市场地位。重视农业的加拿大人有超300年的牧牛历史，其牛肉出口量位居世界第三。和众多牛肉产品相比，加拿大牛肉普遍以优质的肉牛品种基因、谷饲带来的软嫩口感，以及严格的分级制度和食品安全体系受到各国消费者的肯定。一直以来，加拿大都以家族式牧场饲育模式为主，而加拿大寒冷的环境保障了肉牛的超长生长周期，缓慢发育生长让其产出的牛肉肉质柔嫩、肉香浓郁，这也是加拿大牛肉区别于澳大利亚、南美牛肉的关键。在养殖方面，加拿大人对于牛群的"饮食"有着严格的标准。因为加拿大是谷物大国，东西部牧场可以根据气候、环境不同采取不一样的"谷饲"结构。比如，西部牧场多以大麦、小麦作为谷物饲养原料；而东部牧场则多混合玉米、大麦、小麦一同饲喂。以谷饲为特点的加拿大牛肉有着标准的大理石花纹、洁白的脂肪、浓郁的肉香和柔嫩的肉质，这也让加拿大牛肉与以草饲为主的南美、澳大利亚牛肉形成了品质口感差异。

此外，为了保证优质肉牛的生长，加拿大还高度注重生态平衡，密切监测并维护水质和土壤的质量，严格管理牧场及水资源。为了确保投入市场的加拿大牛肉品质过关，加拿大建立了近乎苛刻的身份溯源机制，比如强制全国牧牛配有"身份标识"，全程监测牛群的健康，让每一头牛的生长信息可被一一追溯。正因如此，加拿大产的牛肉自带高端属性和权威背书，尽管价格高昂依然不缺市场。

风靡全球的高端羽绒服品牌加拿大鹅是强化"加拿大制造"这一原产地概念成就羽绒服强势品牌的又一例证。成立于1957年的加拿大鹅品牌原名是雪鹅，企业最早只是为加拿大安大略省巡逻警察制作羊毛马甲、雨衣和雪地服的家族作坊工厂。直到20世纪90年代，新一代品牌掌门人开始注意到国家层面提倡加拿大制造计划，而外界对加拿大的第一印象，往往会联想到极地风光和高品质标准，于是品牌顺势更换为"加拿大鹅"（Canada Goose）这一新的品牌名和新的极地商标，主打加拿大原产地概念。加拿大鹅不仅仅埋头生产羽绒风衣等极地装备，并且开始积极持续赞助极地考察团和专业探险者。其品牌意图在于通过借势《国家地理》等知名媒体平台获得在高势能圈层的曝光度，提升品牌势能。果不其然，加拿大鹅赞助的极地探险家本·桑德斯完成了耗时105天的徒步穿越南极的冒险，登山爱好者劳瑞·斯克里斯勒特更是穿着加拿大鹅成为第一位登上珠穆朗玛峰的加拿大人。自此，加拿大鹅声名鹊起，受到更多欧美极地探险、雪山探险、冰雪运动爱好者的青睐，在高端市场彻底打开销路。

为了进一步凸显品牌差异化增强品牌势能，加拿大鹅在推广中极力强调"产自加拿大"的独特原产地属性。自2001年开始，其材料、设计、裁剪、加工全部在加拿大手工制作完成。在此基础上，加拿大鹅以"加拿大制造"为名参加各种时尚订货会，并且借助一系列名人效应，树立起独一无二的加拿大原产地标签的品牌认知。

中国地大物博，物产丰富，有着众多值得挖掘的原产地特色商品和优势资源，但对比欧美品牌对原产地的独特原料的应用营销仍有较大差距。为此，我们需要在原产地区域保护、生产品控、原料标准、饲养种植方式、加工工艺、商品分级、品种保护上做系统的管理升级，把原产地商品的特色口碑转化为巨大的商业价值，打造原产地名片、输出特色商品优异品质以及传播品牌差异化特征，为未来大量国产品牌升级创建强势品牌而奠定基础。

第八章　如何创建强势品牌

　　过去二三十年中，中国本土企业发展取得了长足进步。这一方面得益于改革开放带来的市场红利和人口红利，另一方面则得益于与时俱进的品牌营销方法论。无论是艾·里斯与杰克·特劳特的定位理论还是后来唐·E.舒尔茨的整合营销传播理论，都是扎根于大工业时代背景下的理论成果。在相对静态且较为集中的传播渠道和销售渠道里，大规模的广告传播、深度分销和流量抢占是品牌打造的核心要素。但随着5G移动互联网时代来临，人们获取信息的途径和购买支付方式发生了天翻地覆的变化。众多新消费品牌的崛起已无法用传统的品牌营销理论解释，新一代的年轻消费者也无感于缺乏价值观和情绪情感传达的传统营销方式。新商业时代下的品牌更不需要重走大规模广告投放和深度分销的老路。近年来，大量新兴品牌案例表明，以业绩增长为目标、打造强势品牌为核心的PMC（Popular Marketing Communication，爆红营销传播）势能营销传播，已然成为新商业时代创建强势品牌进而引领品牌营销方式变革的正确方法论。

市场定位确立增长主航道

消费市场是基于多圈层、多样化消费需求而形成的集合体，任何企业都无法高效率地满足所有消费者的需求。因此，菲利普·科特勒先生在其著作《营销管理》中提出了"STP理论"。由Segmenting（细分）、Targeting（目标）、Positioning（定位）三个英文单词的首字母组成，从其含义可以看出，企业主要的发展增长方向确立需要企业结合自身资源实力、行业竞争态势、目标人群的消费需求及市场细分情况，寻找并建立具有竞争优势的定位，并能为这一细分市场和目标人群提供优先解决方案。

创建强势品牌，首先要考虑确定品牌处于增长主航道上，而是否处于增长主航道可以通过品类、人群、场景、价格带、市场区域这五种市场定位进行明确。

重新定位品类确定增长主航道

艾·里斯在《品牌的起源》一书中指出，创建强势品牌的最好方法并非追逐现有的品类，而是参考达尔文"生物进化论"的方法，以进化和分化两种方法率先推出新产品升级原有老品类，进而成为优势品牌获得增长。利用品类分化或进化推出新产品开创新品类，即针对原有品类产品的固有缺陷进行升级创新。

以云南白药创可贴为例。在很长一段时期，云南白药散剂一直是中国小创伤护理市场的主导产品。然而随着国外大牌进入本土市场，云南白药不得不在2001年强行进入创可贴市场。彼时，消费者已经对邦迪创可贴形成了稳固的品牌认知，云南白药为了构建自己的竞争优势。其针对邦迪仅有止血效果但不含药物成分的问题，提出"有药好得更快些"的品牌诉求，进而通过品类进化的方式开创"止血创可贴"新品类，完成市场份额转化。在此基础上，云南白药还进一步研发白药含药材料，延伸进入医用辅料和卫生材料领域，实现了业务延伸发展。

和云南白药类似，禾然酱油也针对传统酱油含有添加剂的问题，通过品类分化方式开创"有机无添加"酱油。近年来，随着消费意识不断增强，餐桌消费理念开始从"吃得饱"转向"吃得好"，品质化、健康化逐渐成为调味品行业主要的升级方向。"绿色有机"成为消费新风尚。虽然和海天、厨邦、李锦记等众多酱油品牌巨头相比，禾然有机在资本实力、品牌底蕴上均难以比肩，但针对传统酱油添加剂等健康隐患，禾然有机始终把握消费者对于绿色有机的需求坚持研发生产非转基因有机产品，成为国内最早研发有机调味品的企业，研发生产的第一瓶有机无添加的酱油，填补了中国有机调味品市场空白。与此同时，禾然充分抓住健康潮，在各大卖场举办用户体验活动强化其酱油产品"零添加、淡盐、有机"的标签，凭借着多年的势能积累最终奠定了在有机酱油细分赛道的强势品牌地位。

定位用户群确定增长主航道

理想汽车创始人李想在谈到战略时总结说：战略第一重要的是用户需求，对初创企业而言，选定的核心用户群必须是增长用户群，没有任何一个初创企业可以通过负增长用户群实现壮大。因此，如何正确划分识别用户成为企业增长的关键要务。

目标用户群大体可分为种子用户、势能人群、源点用户、核心用户、潜在用户这5类。精准定位目标用户群，可以助力品牌快速增长（图8-1）。

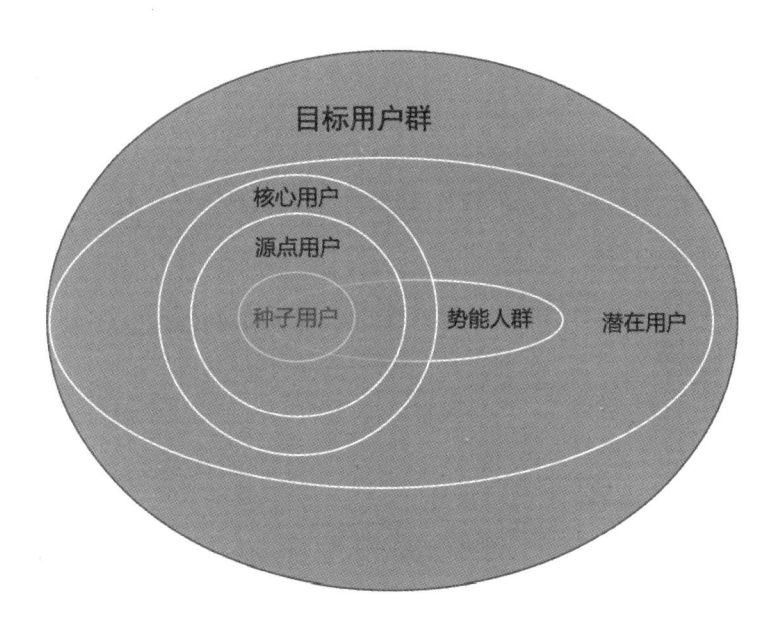

图8-1 目标用户群类型

第一是种子用户。 品牌在早期创立阶段需要种子用户来验证产品和服务，种子用户往往拥有创新思维和冒险意识，愿意尝新。优秀的种子用户可以帮助品牌传播，带来口碑裂变效果，他们能够忍受早期产品的不完美，愿意为品牌方提供有建设性的意见，对产品的改善决策具有重要意义，能帮助产品和服务进行升级完善。

Exway电动滑板就是瞄准种子用户确立市场增长主航道的优秀例证。

在欧美、日韩等西方国家，电动滑板概念风靡，且有着稳定的滑板爱好者群体。但在国内电动滑板声名不彰，缺乏像样的滑板品牌。Exway抓住这一市场痛点，主打科技酷玩，突破传统滑板的技术门槛限制，吸纳了滑板"发烧友"成员，成功研制出第一代电动滑板产品，在北美和欧洲市场吸引到第一批种子用户。与此同时，Exway遵从运动本性、顺应用户习惯，在满足滑板爱好者潮酷需求的基础上围绕小众圈层的高净值人群打造精品，以潮酷的产品IP进行营销，通过社交场景和联合赛事宣传扩大品牌影响力，收获了大批因热爱所驱动，愿意为酷文化和极致产品买单的硬核粉丝，进一步扩大了种子用户群体。作为国产电动滑板品牌，Exway通过听取种子用户反馈，针对不同市场的人群特性和交通法律差异，从细节入手，捕捉用户痒点，解决电动滑板运动中遭遇的各种难题，成功实现了品牌出海。

第二是势能人群。势能人群往往存在行业专家、权威机构、消费者、行业媒体、KOL达人等等，他们自带光环，是某种消费趋势或者社会现象的风向标和意见领袖，对目标市场用户选择判断有着潜移默化的影响。势能人群可以为品牌提供可靠的信任背书，该人群的活跃度和影响力可以快速提升品牌势能。对于势能人群的争夺，则需要品牌提供足够优异的产品或者提供能引发共鸣的某种社会性利益等等。

特斯拉正是靠着硅谷名人等势能人群带动品牌增长，实现了圈层突破。特斯拉创始人马斯克本身是全球知名支付工具PayPal创始人，是名副其实的硅谷名人，具有一定影响力，在品牌借势中，特斯拉更是将势能人群的引领作用发挥得淋漓尽致。2008年2月，特斯拉在交付第一批双门四座敞篷跑车（Roadster）期间，将推出的最初7辆纪念款"创始人系列"汽车送给了以马斯克、拉里·佩奇和谢尔盖·布林、杰夫·斯科尔等谷歌、易贝（eBay）为代表的硅谷IT精英。他们作为美国上流社会的名人，无形中拉高了特斯拉的品牌调性。受到这种势能人群光环效应的影响，此后特斯拉的Roadster的销售范围很快延伸到欧洲、亚洲和大洋洲等市场。不仅如此，大批好莱坞影星、金融投资者、体育运动员、企业家纷纷成为特斯拉的忠实拥趸，更是为品牌构建科技、时尚、高端的品牌联想，让品牌引领新能源智能电动汽车风潮确立市场增长主航道。

第三是源点用户。品牌需要进入一个区域市场或某个创新渠道获得成长机会时所需要选择的目标用户。源点人群是品牌验证商业模式的关键人群，分销机制、价格体系、返利佣金体系、市场促销活动、用户触达效率、品牌体验活动等等都需要通过源点用户群完成验证，产品复购、终端动销是关键的衡量指标。针对源点用户群展开营销有益于品牌在源点市场构建起一套完整的商业模式。

被誉为瑜伽界"爱马仕"的Lululemon在20年间市值突破400亿美元，正是得益于品牌以瑜伽爱好者为源点人群，进行精准对接，验证商业模式从而确定了增长主航道。Lululemon创始人出生在瑜伽深度爱好者家庭，对运动有着独特的见解，其牢牢锁定瑜伽用户，坚持垂直销售模式，线下门店以"零售终端+体验馆"的模式。同时，通过打造社群内"教育者"，以课程体验和朋友圈分享的方式进行用户营销。在打造瑜伽及健身类社群过程中，Lululemon与众多知名瑜伽教练展开深度合作，通过他们的专业形象和专业知识推广瑜伽运动，建立品牌口碑，进而和消费者进行高频次的互动，让"品牌大使"战略在全球稳步推进。

第四是核心用户。该类用户高度符合品牌的用户画像，是品牌进入高速成长期开拓一个利基规模市场的关键，核心用户群体往往拥有比较清晰的行为特征，比如爱好同一种运动、有共同的审美情趣或者生活理念，在年龄和购买力水平以及购买方式上也拥有高度相似性，这些特征正是品牌和用户之间构建互动关系的关键，核心用户往往需要品牌经过测试优化才能被洞察，围绕核心用户能够大力提高传播效率，有益于品牌势能的长期保持。

其中，宝马MINI（迷你车型）以女性用户为主确定增长主航道，其女性消费市场好评一片。宝马充分考虑女性追求独特与个性化的生活品质等一系列用车痛点，最终研发生产出造型时尚呆萌、车身小巧、操控灵活、内部大容量，非常适合购物和城市代步的MINI，成为女性用户的热门之选。在社群文化打造方面，宝马MINI车友会是车主最喜欢的交流平台，该平台不仅为车友提供全方位专属服务，还有MINI维修保养、装饰改装、购买指南、驾驶技巧等信息分享，深受女性用户青睐，而后这个独特圈层文化平台成为宝马MINI吸引女性用户的特色名片。

第五是潜在用户。潜在用户是指尚未跟品牌有过交易合作的客户群体，是品牌进入成熟期后实现破圈和销售增长的利益相关人群。潜在用户往往属于追随型人群，他们不会主动探索接触品牌信息，容易受到势能人群和核心用户的影响。潜在用户在购买力上符合品牌画像，但在社会特征和行为特征上复杂多变，很难清晰定义。他们有一个共同之处就是未来都有消费购买可能，但是需要被激发需求。

近年来，茅台跨界联名频上热搜。茅台与蒙牛联名推出茅台冰淇淋，又与瑞幸联名推出酱香拿铁，吸引了大量潜在消费群体，为品牌扩张确立增长主航道。茅台之所以对跨界联名如此上心，就是为了突破圈层，吸引更多潜在新生代消费群体。一方面，茅台消费群体老龄化现象突出，尽管茅台的国酒属性很强，在高端白酒品牌中的地位稳固，但随着年轻消费群体崛起，茅台也需要吸引并培育年轻消费者爱上"酱香味"，以保持其市场地位和增长。和蒙牛、瑞幸咖啡等品牌的跨界合作，既可以降低酱香产品的体验门槛，又能让茅台与年轻人的生活方式相关联。

现有的众多初创企业对自身的目标用户群体界定并不清晰，导致品牌活动、企业资源和战略目标之间无法精准匹配，进而造成企业资源的大量浪费并错失最佳战略增长时机。基于企业发展阶段和战略目标，针对性为产品测试、口碑势能积累、样板市场和样板渠道打造、利基市场建立以及破圈发展进行目标用户群匹配和活动资源匹配，才能使初创企业通过用户增长实现稳步发展。

场景拓展确定增长主航道

人生活在社会之中，而社会存在消费场景和竞争场景。因此，品牌、品类都是消费场景下孕育的认知产物。初创型品牌最佳的成长路径并非在初期就获得大渠道流量和市场销量，而是要积极培育消费场景下的用户习惯和品牌认知。

消费场景的拓展有两种方式。一种是立足于现有产品特性拓展新消费场景。

传统音响工厂MIFA露营音响成为小红书高端爆款产品，就是在场景上实现了突破。起初，MIFA只是专注广场舞音响和外贸业务的传统厂家。随着露营产业和露营装备大热，露营音响作为氛围感单品，受到众多户外博主和达人的推崇。借此，MIFA主打战术机能风外观设计，让音响产品完美匹配露营玩家群体的审美需求。认识到小红书有大量资深户外露营博主以及大批具有消费力的潜在用户，MIFA将小红书作为营销阵地。在MIFA的精准操作下，MIFA露营音响在野外露营设备赛道知名度不断提升，户外博主人手一台，为品牌后续扩张打下了坚实基础。

另一种是从小的消费场景切换到更大的消费场景。比如，王老吉正是从火锅餐饮场景扩大到加班熬夜、看球赛等怕上火的多场景，实现了品牌的深度扩张。起初王老吉将重点经营的消费场景围绕在火锅餐饮场景。而后王老吉发现消费者对其产品预防"上火"的功效甚为关注。要想大力宣扬"预防上火"概念，势必要突破消费场景限制。王老吉核心消费群体以熬夜群体居多，基于此，王老吉从火锅场景扩大到加班、熬夜、看球赛等怕上火场景，专门针对轻熬夜场景推出"黑凉茶"，聚会场景推出"大炮装"等新产品。在稳住餐饮场景的基础上，王老吉进一步拓展礼品场景、非餐饮场景等，此后品牌正式迈入大饮料品牌时代。

市场区域扩张确定增长主航道

一方水土养一方人。广袤的市场和庞大的人口基数，让中国各地域的消费群体有其独特的消费偏好和价值判断维度。避开竞争对手的强势地域，选择在消费偏好方面具有差异化的新兴地域，可以让企业增长事半功倍。初创企业可以通过开辟线上或者线下优势市场进入增长主航道，也可以通过在一二线市场出发再进入下沉市场确定增长主航道。

以沪上阿姨为例，其正是从上海一线城市出发进入下沉市场从而收获增长的。2013年，第一家沪上阿姨门店在上海人民广场商业圈开业。上海是国际化大都市，有广泛的茶饮消费基础和庞大的潜在消费人群。沪上阿姨以五谷茶饮迅速在沪上站稳脚跟。而后沪上阿姨在深耕一二线城市的基础上，开始在消费力比较适中、市场容量大，可以有效规避风险保证收益的三线城市发力。除了在直辖市和省会城市布局之外，沪上阿姨开始逐步渗透低线城市，把一线城市的一线口味带到了下沉市场的年轻人中间。以上海为核心，深耕长江以北，并逐步渗透长江以南，这是沪上阿姨"万店品牌"目标所在。

从区域市场向全国市场扩张迈进，无论是先下沉还是从一二线城市发展，企业都需要保持相对强大的品牌势能。没有对餐饮渠道和北京高地市场的热销势能，大窑汽水难以发展南方市场；没有梦想文化和航空航天的家国情怀造势，洋河从江苏市场走向全国的时间也将放缓。避开竞争对手的强势市场，迎合地域差异化的消费习惯，从地域扩张带动品牌增长，核心在于对品牌势能的持续提升。

价格带细分确定增长主航道

市场竞争通常将价格带划分为不同阵营，由此形成细分市场。初创品牌企业可以从高性价比、中高端、高端、轻奢、奢侈五个价格带中找到自己的细分市场，确立自身的竞争优势和发展主航道。

高性价比路线是对价格过高的品牌实现平价化替代，为了追求极致的性价比，品牌往往会牺牲产品服务和口碑，用户多为价格敏感型。该路线适合转型消费市场的制造业品牌。

徕芬就是通过打造高性价比高速吹风机确定增长主航道的。自2016年戴森横空出世，以高速马达重新定义"高速吹风机"，将大众心理价位从百元级的产品单价抬升到3000元价格带。在戴森垄断高端市场时，徕芬精准发现100—3000元的价格空白带，打造成为戴森平替版品牌，主打性价比吹风机。2021年推出的徕芬第三代高速吹风机产品LF03，其核心性能转速与戴森电机转速相近，但定价仅为599元。专注研发性价比产品的徕芬遵循"成本定价"原则，将产品性能的核心参数指标对比国外品牌，在相差不大的基础上给出低价定位，迅速获得大众市场的认同。

中高端路线是通过产品升级和价值创新，以此赢得部分高品质、高消费人群青睐，进而实现品牌可持续增长的方法，这是目前国内各行业主流品牌企业的普遍选择。该路线一方面可与外资品牌形成一定的价格优势，另一方面还能保障产品利润，为企业长远发展做积累。

光良酒就是中高端路线成功突袭的代表品牌。其最初生产的光瓶酒此前瞄准重体力劳动者，产品定价10元左右，主打低端市场。随着消费迭代升级，光瓶酒的定义拓宽至性价比高的口粮酒。光良酒洞悉这一机遇，以粮食基酒比例命名，推出"数据瓶"白酒，将"小镇青年"作为重度消费人群，转战中高端路线，产品定位以百元内为主。通过对"成分党、去包装、无压力"三大品牌内涵关键词的深度提炼与诠释，以影视剧营销实现圈层爆破，进一步覆盖不同年龄段、不同消费阶层和不同消费，从而实现了品牌的可持续发展。

高端路线是以更多的研发投入、更好的用户服务、更高的产品标准和美学设计带来更好的品牌价值体验，进而与性价比品牌和中高端品牌拉开差距，高端路线是目前行业头部品牌和新消费品牌正在积极追求进入市场增长主航道的主要方式。

黄天鹅就是通过确立生食鸡蛋高端地位找到增长主航道的。中国拥有三千亿规模的鸡蛋市场，然而市场格局高度分散，缺乏行业巨头和高端品牌。黄天鹅在精准洞悉新的健康饮食消费理念和高品质鸡蛋的市场需求后，在2019年引入日本38年可生食鸡蛋标准的品牌，并在此基础上结合中国国情进行再创造、再升级使其本土化落地。除了牵头创立国内首个可生食鸡蛋企业标准之外，黄天鹅还落地全产业链践行对高品质鸡蛋的全链路品控，以"蛋品+食品"双轮驱动模式布局市场，牢牢确立了在高端鸡蛋消费市场的领军地位。

在欧美，新品牌往往选择走轻奢路线来实现市场增长。轻奢品牌需保持和奢侈品一样的设计、质感和体验水平以及运作模式，同时又要保持足够的价格优势，品牌竞争相比高端和奢侈品路线来说并不是很激烈。

法国奢侈品皮具品牌珑骧就是通过发力轻奢市场，找到增长主航道，在中国市场大红大紫。随着留学潮兴起，大量留学生开始将法国轻奢品牌产品带入国内，珑骧就是其中之一。珑骧本就是时尚界的常青款，但不可思议的是，在法国被称作国民包品牌的珑骧竟然在中国市场迅速走红。其瞄准中产女性收入人群，主打轻奢路线，虽然定位为奢侈品，但其价格却比奢侈品更具性价比，击穿了人们对奢侈品的心理价位。此外，珑骧瞄准市场风潮聚集地——小红书进行品牌建设，社交媒体讨论度出现爆发式增长，相关话题超过3亿，被众多推崇轻奢文化的消费者奉为经典。此外，珑骧还推出多样化的产品线，同步推出各种配饰和鞋子，不仅使消费者的选择更加多样化,还让"魔改珑骧"成为社交新潮流。基于此,牢牢抓住了追求时尚又注重实用性的年轻消费者,具有"社交货币+保值利器"双重属性的珑骧彻底奠定了在中国轻奢市场的地位。

奢侈品需要打造独特的品牌个性、精神文化以及价值观,对品牌的用料、设计、质感、体验要求很高,奢侈品运作往往意味着稀缺资源和限量供应,这是和性价比、中高端、高端、轻奢品牌追求规模效应的运作模式截然相反的路线。

主打限量和定制的中式包袋品牌端木良锦就是通过奢侈品路线定位找到了增长主航道。借助文化自信和国潮兴起,端木良锦将中国古典审美设计、顶级原材料和传统手工艺三个维度相结合,用中国传统文化来表达奢侈的含义,并通过限量和定制模式重新定义国潮奢侈品牌。

在产品上,端木良锦坚持以木为主打材质,对原材料标准的把控苛刻,在全球范围内采购顶级木料和皮料,坚持走高端奢侈品牌的产品制作路线。其中,其包袋木胎采用"世界万木之王"缅甸柚木,内部锦缎选用日本京都的西阵织。此外,端木良锦供应商HCP也是爱马仕包袋皮革供应商,其产品广泛应用鳄鱼皮、鸵鸟皮等珍稀动物皮。在工艺端,端木良锦也坚持手工和"慢工出细活",其满工嵌花木作手包要经历194道工序,制作周期长达4个月的。以奢侈品牌定位产品,端木良锦的包袋定价在2万—4万元不等,限量款更是高达20万元。为了匹配"中国包袋界爱马仕"的奢侈品品牌定位,端木良锦追求限量和定制化模式,进一步强化其产品的稀缺和尊贵属性。同时为了保证产品的稀缺性,其每个最小存货单位(SKU)的产品年产量均低于40只,真正做到了物以稀为贵。

价格带的细分不仅仅在于避开领导品牌的强势价格带，更在于从价格带中找到最佳增长机会，在自身的优势价格带中积蓄品牌势能。郎酒集团的高速发展离不开对高端产品青花郎的重金推广，然而近年来酱酒领域增长最快的却是以习酒和国台为代表的次高端价格带。华为、OPPO和vivo大力发展中高端手机，纷纷摆脱了中华酷联合约机、厂弟厂妹机和低端手机的认知，让品牌势能和品牌形象得到了提升。基于行业发展趋势和企业资源实力，确立匹配的价格带构建竞争优势和品牌势能有利于企业在细分市场的扩张。企业从零开始创建强势品牌，重在围绕自身资源实力、行业竞争态势、目标人群需求三个维度寻找有利于建立品牌优势的细分市场，并从中综合判断品类、人群、场景、价格带、市场区域五个维度发展潜力，确立增长主航道，进而持续提升品牌势能，带动销量增长。

选择代言人构建信任状

在传统商业时代，选择明星代言是为产品质量提供信任背书和提高品牌知名度、美誉度的唯一手段。然而明星代言极易出现负面新闻，给品牌带来难以预测、不可估量的损失。因此，选择与品牌资产关联更紧密的企业家代言、客户代言、员工代言、专家代言和KOL代言，是更高效、更安全、更经济的代言方式，它能助力品牌构建信任背书，提升品牌势能。

企业家代言

相较于明星的"代而不用"，企业家代言更具真实性、可靠性、感染力和传播性。企业家可以从品牌创立初心、品牌差异化定位、品牌独特商业价值、品牌商业理念、品牌打造过程、品牌匠心故事、品牌创始人背景等方面出发，讲好品牌故事。铁血网创始人就是企业家代言的经典案例。

铁血网创始人蒋磊，拥有"学霸背景+大学生创业+资深军迷"的多重身份，自带话题度。受爷爷和外公等抗战亲属影响，军事迷蒋磊创立铁血网汇聚了全国一大批热血军迷。该群体包括专业技术、企业管理、公务员、军人等职业。对于军迷来说，他军人世家的身份背景和创立铁血网的品牌初心更能引起共鸣。这也是蒋磊此后创立中国龙牙战术装备获得成功的核心因素。在市场调研时，蒋磊发现国内军品假冒伪劣横行，出于军人子弟的初心，他感于国内各类军警工作环境不易以及国外军品的非适宜性，创立了龙牙战术品牌，只用最好的原料并与世界顶级工厂合作。蒋磊是品牌最好的代言人，其将充满爱国情怀和拥军情怀的理念融入了创业精神中，让龙牙的品牌故事更触动人心。

相较于高额费用且频繁暴雷的明星代言，企业家代言显然是品牌最好的代言方式。企业家本身更具故事性，无论是企业家形象又或是创业初心、商业理念等都是绝佳的品牌故事素材，他代表着品牌价值观，是向用户传递品牌价值的桥梁，引领着品牌塑造。这正是越来越多诸如苹果、小米等品牌启用企业家代言的原因所在。

客户代言

相较于明星代言，客户代言更具真实性和生活性。尤其是对高价和多决策要素产品，客户代言有利于打消消费疑虑，避免了明星代言产生的预期与大众消费体验不符的情况，同时拉近了品牌与消费者之间的距离感。江小白的表达瓶就是最佳佐证。

江小白精准挖掘80后、90后年轻群体需求，定位年轻一代的"青春小酒"，推出表达瓶产品，通过收集消费者反馈，反向推动产品改进。消费者只要在瓶身扫码就可以进入江小白会员小程序"瓶子星球"，自由参与到社区吐槽活动中。在社区中，客户既可以对产品发布好评，也可以提出自己的意见，还能发布各种互动信息，显然，社区成为消费者发声的渠道，让其他消费者能够更快更精准地触及。2018年，江小白100ml表达瓶销售额高达20亿元。可以说，表达瓶成为江小白和客户沟通的桥梁。而客户在社区的发声则成为江小白最好的代言，增强了消费者品牌认同感的同时也提升了品牌信任度和说服力。让消费者对江小白的品牌文化和产品特色更为认同，心中也逐渐形成一套自我品牌认知：江小白就是一款青春和个性化情感化的酒。这种品牌认知也帮助江小白确立了差异化竞争优势。

客户代言是品牌构建信任状，打造品牌势能的重要途径。

员工代言

员工代言是一种新兴的代言方式，可以帮助企业制造公关话题并吸引消费者深度了解企业。借用员工的工作花絮和真实工作感受，深度展现企业生产过程，有利于帮助消费大众了解企业的经营理念和生产制造环节。

饮用水领军品牌农夫山泉一度被业界调侃为是一家"被卖水耽误的广告公司"。但农夫山泉广告高超之处在于其寻找水源地员工代言广告，帮助企业制造公关话题成功摆脱了品牌信任危机。

农夫山泉和《京华时报》因"饮用水标准门事件"对簿公堂。导致农夫山泉丧失了品牌公信力，从2013年到2016年，农夫山泉的销量和品牌价值双双下滑。水源地建设一直是农夫山泉的品牌优势所在，面对舆论带来的品牌危机，农夫山泉选择从水源地广告上寻求突破。通过微电影的形式，根据不同地区、不同岗位员工的真实故事，农夫山泉长达3年历经艰辛拍摄纪录片，先后推出《最后一公里》《一百二十里》等广告，让普通员工出镜，在广告中用细节故事展现了品牌寻找优质水源地的艰辛以及巨额资金的建设投入。通过感人的故事，农夫山泉强调了保护水源地的"工匠精神"和"愚公精神"，借助员工视角展示水源地保护的艰辛和水源地的水质的珍贵，通过员工证言，讲述他们对工作的热爱和自己的坚守，从而传达农夫山泉的天然品质和独家优势。让公众深刻认识农夫山泉的品牌格局与内涵，也让"我们不生产水，我们只是大自然的搬运工"的品牌理念更深入人心。农夫山泉以员工代言模式传达了产品特性和品牌定位，强化了天然水源地的品牌认知，不仅巩固了市场地位，更是树立了企业责任，重新赢得了消费者的信任。

专家代言

专家有着远超于消费大众的专业知识，能对相关产品品质和品牌优势做出专业判断。选择在消费者中具有极大影响力或行业中的权威专家对强势品牌建设意义重大。崔玉涛推荐拜奥益生菌就是个中案例。

益生菌是近年来健康消费热点，但市场产品参差不齐，存在过敏、腹泻等各类令宝妈头疼的问题。瑞典益生菌品牌拜奥凭借着卓越的产品品质和技术突破享誉全球，而拜奥之所以成功打开中国市场，很大一部分归功于其邀请了行业育儿顶级专家崔玉涛进行产品代言和权威背书。

崔玉涛是著名儿科专家，也是中国医师协会儿童健康委员会专家，常年参加美国儿科学会等众多国内外权威会议，著有《崔玉涛：宝贝健康公开课》等专业书籍。他在儿童健康领域深受母婴消费群体信赖，更是被宝妈群体尊称为"崔神"。他的专业性和权威性可以为品牌建起强大的信任状。崔玉涛对益生菌的专业知识介绍、对拜奥益生菌产品的使用说明以及趣味化科普，成功让拜奥益生菌快速赢得了宝妈群体的信任。"崔玉涛强力推荐益生菌品牌"让拜奥短时间引起风靡，构建起专业而强大的品牌认知。

专家作为行业稀缺资源，代表着行业的权威性、专业性和高势能。而近年来大量伪专家代言的商业案例和负面舆论抹黑了专家的认知和形象。因此，专家代言需要品牌方格外注意对专家形象的打造和维护，甚至需要配合公信力强的专业媒体和专业杂志进行立体式报道，避免因媒体等级不够造成客户质疑从而波及品牌势能。

KOL代言

有别于消费者和专家，KOL往往在某一个知识领域拥有超高人气和舆论引导能力，是特定领域具有影响力和专业知识的人士。他们通过自己的观点、经验和见解来影响和引导他人的消费决策和行为，被消费群体视为权威。KOL往往拥有固定受众和强烈的个人IP以及内容生产能力。将KOL特质个性与品牌理念有机结合，对品牌势能的打造助益颇大。当下品牌纷纷去明星化代言，选择强内容输出的KOL合作。小小包麻麻和老爸评测就是KOL代言的典型案例。

挪威鱼油品牌沐乐思（Mollers）在欧美风靡已久，但在中国市场缺乏品牌认知度和信任度，故而2019年，Mollers和国内母婴界头部KOL小小包麻麻合作。作为坐拥千万粉丝的母婴界头部KOL，小小包麻麻专业的母婴用品评测受到千万中产家庭的信赖和喜爱。通过对Mollers挪威北极溯源地的亲身体验，小小包麻麻以KOL的视角传播品牌实力。在代言种草同时，小小包麻麻还深度参与到品牌共建中，成为Mollers的品牌大使，并进行定期的品牌推介传播品牌形象，潜移默化地获取了关注小小包麻麻的母婴消费群体对品牌的认同感，开启了中国市场的破冰之旅。

此外，KOL往往比品牌方更为深度了解消费者的关注点，可以通过极强的内容创作为品牌保驾护航。随着抖音带货持续升温，让一年抖音带货几千万的专业性评测科普KOL老爸评测成为商家竞相抢夺的资源。

老爸评测拥有全网5000万粉丝和央视的点评支持，在业界具有一定影响力。针对消费者关注的母婴、居家等热点板块，老爸评测团队采购相关产品送到实验室检测，用标准的实验结果和数据说明问题，因此深受消费者信任，被老爸评测肯定和推荐的商品也频频成为热销产品。

值得注意的是，无论选择哪一类代言人，品牌方都需要综合考虑多个因素，包括目标受众人群、代言人知名度与影响力、代言人形象与品牌形象的契合度、代言人的专业性、代言人的道德品质、代言成本等。归根到底，品牌选择代言的本质是通过代言人的影响力和推广力，得到足够的用户流量和品牌背书，最终达到为品牌赋能的目的。

从小众出发积累口碑

从理想汽车、宝宝馋了、王饱饱、梅见、三顿半咖啡、Ubras、蕉内、黄天鹅、钟薛高、奶酪博士、由莱（Ulike）、黑洞、空刻意面等新国潮品牌崛起过程中不难发现，现今新消费品牌不再以性价比取胜，转而定位高端，它们通常拥有3倍—5倍定价而且每年保持3倍以上业绩增长。这也表现出一个共同特征：品牌发展初期着力于打磨产品和传递品牌匠心理念以提高用户对品牌核心价值的感知体验，并从小众人群出发积累口碑，打造品牌势能，从而成为品类创新代表品牌并占据独特地位。

锁定文艺青年女性，高价猫王让百万年轻人为之买单

新品牌进入新市场或新品类赛道，需要从小众人群出发测试市场接受度和产品成熟度。

猫王正是通过锚定复古情怀、对音质有要求的女性文艺青年群体创下了数百万年轻人为其智能收音机和音响疯狂买单的市场奇迹。

早期，猫王围绕不挑外观而重性能配置的消费偏好的男性群体研发产品以至于产品一直不温不火，仅在专业的"发烧友"圈子流行。随后猫王对用户进行深刻洞察后，发现对80后来说，复古是一种记忆，但对90后、00后来说，复古反而是一种潮流。同时还通过研究猫王家族产品用户群，发现其主要用户是18—35岁的年轻人，其中女性用户占到了75%，而她们大部分人觉得原木色调过于老气，产品不够时尚，无法展示出年轻人朝气蓬勃的状态。于是，猫王重新定位自己，将用户锁定为热衷于"精致复古潮玩"，在娱乐休闲消费中主张"追求自我、个性表达、陪伴温暖"的80后、90后与00后女性文艺青年，从小众人群出发进行产品创新设计，一改呆板老气的产品形象，将复古与精致可爱完美结合，以复古设计将其定义成年轻人的时尚潮品。

猫王围绕"好看、好用、好听、好玩"打造具有实用性的极致美学产品，在产品设计上，打破过去音响产品只考虑技术、供应链和生产制造的弊端，注重对女性文艺青年情绪价值的满足，将用户沟通和情绪价值融入产品设计中，同时注重文化内涵和附加价值的呈现，注重有灵魂、有故事、有调性的品牌打造。对小众文艺青年群体来说，猫王不仅满足了她们悦己和个性表达的需求，更展现了她们对于亚文化和小众反主流文化的推崇与认可。

此外，猫王创新采用《小王子》中小王子和玫瑰花的故事，表达猫王与女性文艺青年之间的陪伴关系，让品牌有故事、有情怀、有传播。2018年1月，猫王着手运营内容节目"猫王音乐台"，为用户制作专属电台音乐节目，加强与用户的交流互动。同年8月，猫王独创"OhPlay猫王秒波"App，结合千人千面的兴趣标签呈现各类音乐节目和音乐文化趣事，让音响成为女性文艺青年表达嬉皮个性标签的载体，进一步凸显出猫王品牌的专属性和稀缺性。

正是基于对女性文艺青年用户的产品深耕和口碑积累，猫王具备了光速出圈的品牌势能。不到3年时间，猫王收音机就从年销量300台增长到3年销售百万台。截至2021年，猫王获得超500万音乐青年和超2000家生活美学店铺选择，并畅销全球60多个国家。针对小众人群做高端产品打磨，在小众人群中积累用户口碑和品牌势能，进而成为智能音响的品类创新代表。猫王的爆红之法为众多同属于品类创新或初创阶段的企业，就如何快速引爆品牌提供了重要思路。

深耕控糖人群，卡士获万千消费青睐

随着生活水平的提高，消费者对于食品的需求不再只是饱腹，而是更关注营养和健康。酸奶行业也出现了很多细分赛道以针对性地满足不同消费人群的需求，但也面临着产品创新不足、消费者个性需求凸显、消费场景缺失的尴尬处境。

1999年成立的高端低温酸奶的引领品牌卡士凭借敏锐的市场洞察力和技术产品能力，塑造起了高品质，高标准的品牌形象，同时它不局限于高端低温乳品的产品力，围绕高端酸奶的定位也在不断探索乳品行业的品类创新升级。而在大健康趋势下，卡士发现消费者健康意识不断进阶，尤其是高质量消费者对健康的需求已经进行了细化和量化，对摄入的健康度量也拥有了新的认知与要求。控糖、减糖、戒糖正逐步成为消费者健康生活方式的标签，低糖低脂的新品类具有巨大市场机会。因此，卡士持续创新品类，在坚持高品质产品前提下，以功能性和小众人群切入细分市场，从控糖断糖小众人群需求出发创新顾客体验价值，持续打磨口碑爆款实现破圈增长。

针对控糖人士的健康消费需求和饮食摄入的健康度量，卡士在2016年面世的以最佳饮用时间命名的"餐后一小时"基础上进行产品升级，全新推出升级后的0蔗糖版"餐后一小时"。同时，卡士聚焦大健康趋势下消费者对轻负担饮品的需求，匠心打磨"卡士专属甜配方"。而后，卡士创新研发推出0蔗糖0添加低GI（低升糖指数）的"断糖日记"，产品仅以生牛乳和乳酸菌为原料，并以卡士专属甜配方取代了蔗糖，真正实现了控糖人士追求美味时的零负担需求，该产品不仅是减重减脂期的理想代餐，也是孩子的无蔗糖酸奶，更成为控糖人群的健康食谱。

此外，卡士深耕抖音、小红书等控糖人士关注的高流量社交平台，围绕控糖人士这一核心用户圈层的内容消费偏好，与母婴、亲子、健康领域的众多KOL达人展开深度合作，精准触达消费者，持续提升品牌声量与影响力，最终开辟出了0蔗糖酸奶新品类市场，并在高端酸奶市场赛道确立了差异化竞争优势。

新品牌从小众出发引爆品牌势能的关键在于：在小众人群中做好高端路线而非陷入大众化产品的价格战泥潭中，针对小众人群传递品牌价值并做好体验感知，在小众人群中积累足够的用户口碑并进行品牌势能引爆，让品牌成为品类创新的代表并引领新的消费模式。

用内容营销引爆流量

在过去的商业环境下，品牌IP形象更多起到的是品牌识别的作用，因此品牌IP形象是品牌打造的核心部分。新商业时代，内容成为各个新媒体平台的主要流量来源，用户的注意力更易被内容吸引，因此以打造品牌IP的故事为主的内容传播代替了视觉广告传播。初创品牌可以通过IP故事和内容传递产品优势和品牌核心价值，培育自己的内容生产能力，以此抢夺流量，摆脱传统巨头企业围堵。

内容营销第一式：真实共情、感性营销

感性营销，是一种通过情感、情绪、情感体验等手段来吸引、打动和影响消费者的营销方式，通过满足消费者的情感需求来建立品牌忠诚度，打造强势品牌。抖音同类产品销售额全国第一的杨博士童子鸡便是最经典的案例之一。

庞大的土鸡市场竞争异常激烈。为了解决产品推广的巨大问题，杨博士重金聘请专业团队专攻抖音端的品牌建设，然而巨额的品牌推广投入最终惨淡收场。摆在杨博士面前的是两个问题：一是消费者对品牌的信任问

题,二是如何构建品牌故事引起消费者情感共鸣。

在建设品牌信任状上,杨博士选择通过真实生动的内容记录来持续输出品牌价值观。他从幕后走向台前,亲自出镜进行品牌代言,以自身名校博士的权威身份为品牌背书。他在土鸡源头养殖地进行直播分享,透过镜头讲解生态养殖的原理,带领粉丝沉浸式地观察饲养土鸡生态环境的真实情况。通过向消费者展现皖南土鸡高品质的产品形象和其团队对于产品打造的匠心,进一步打消了消费者的顾虑。

在解决信任问题的同时,杨博士同步展开感性营销,通过打造品牌故事来激起消费者情感共鸣。名校博士返乡务农,强大的故事反差感让其获取了一定的关注度。而后,杨博士通过抖音内容讲述自己身为同济大学博士土鸡梦的初心以及土鸡梦背后坎坷的创业经历,并且将坚持匠心产品和健康生活的品牌价值观、品牌理念融入故事之中,与消费者达成深度共情。杨博士的品牌故事,不仅赋予了土鸡产品高溢价的可能性,还成功与消费者建立情感联系,提升了品牌的认知度、亲和力以及忠诚度。而其中,杨博士为了妻子的健康放弃自己事业的故事,在潜移默化中为其打上了重情重义的人物IP标签,也在无形之中为品牌增添了价值光环。

杨博士从品牌信任状和品牌IP故事层面进行感性营销,充分调动消费者对品牌质量的感知,并通过塑造实干匠心和靠谱重情的人物IP形象,与消费者形成情感共鸣,从而激发出强大的感性消费力。

内容营销第二式:专业人设、形成权威

品牌如人,是打造品牌的最高境界。人设,是指人物展现给大众的形象,其包括一个品牌或IP的外在形象特征以及内在性格特征。人设可以助力品牌塑造起一个有灵魂的形象,让消费者对品牌形成更深刻的理解和认同。当消费者看到该品牌或IP时,就会在头脑中出现一系列画面、感知和期待等联想集合体。醉鹅娘的成功就是通过内容打造专业人设IP而实现的。

我国是酒类消费大国。而葡萄酒作为舶来品,其产地、品种、品酒流程、酒文化等不同,文化理解的误区让中高端葡萄酒市场发展受到了阻碍。对葡萄酒认知的培育和产品文化知识的普及是亟待解决的问题,醉鹅娘趁势而起。

醉鹅娘不光是一个红酒和低度酒线上渠道品牌,也是其创始人王胜寒的人设昵称。而其爆火也归功于王胜寒对自己专业人设IP的打造。可以说,醉鹅娘创始人是醉鹅娘品牌的金字招牌。

醉鹅娘选择从内容着手,通过自媒体栏目《醉鹅红酒日常》打造自己的独特IP。凭借着强大的知识储备和优质的内容创作力,醉鹅娘将买酒、品酒以及酒文化等内容用深入浅出的教学方式,让知识更通俗易懂。与此同时,醉鹅娘解码了一套把葡萄酒"化整为零"的视觉语言,对酒及其文化进行了重新定义,并且通过微信、抖音、快手、B站、知乎、小红书等内容平台进行不同深度层次的葡萄酒文化和产品知识输出,让品牌传播无处不在,在拓宽品牌影响力和知名度同时营造起了醉鹅娘"爱喝酒、懂酒"的专家人设。其中,从美国辗转到法国蓝带厨艺学院学习红酒文化的海外求学经历以及多年在葡萄酒领域的深耕经验让醉鹅娘人设更具专业性和权威性。

通过场景化预设等内容营销,醉鹅娘建立起专业人设,并形成了葡萄酒领域权威的KOL形象，通过优质内容输出让用户重新认识红酒的同时折服于醉鹅娘个人魅力，获得了用户好感和品牌信任。其粉丝甚至还将她誉为"全中国最能把葡萄酒讲明白的人"。

通过专业人设IP的打造，醉鹅娘积累起了极强的品牌势能。其《醉鹅红酒日常》的全网播放量超过两亿次，醉鹅娘拥有了600万粉丝，其电商品牌醉鹅娘取得了年销3.5亿的惊人成绩。除了酒相关的内容外，醉鹅娘也开始凭借强大的势能品牌效应涉足广告、穿搭等跨圈种草内容，将个人IP的魅力发挥到了极致。

当品牌内容营销泛滥，海量信息造成顾客选择困难症或被淹没时，消费者通常会听取业内权威专家意见来降低选择成本。品牌打造专业人设形成权威认知的重要性不言而喻。

内容营销第三式：情节场景、植入生活

消费场景和消费空间的变迁催生了诸多新业态和新品牌的诞生。其中，一款定位为"年轻人夜场用酒"的野格酒凭借场景驱动打造极致的用户体验，成为最懂青年亚文化的酒类品牌。而这份成功正是源于野格对品牌价值文化的打造和坚守。

野格出身国际大牌，拥有深厚的品牌历史与文化，其品牌灵感源自德国传统的狩猎文化。野格自20世纪80年代始就凭借其狂欢派对的欢乐调性和社交文化属性在欧美备受年轻人的推崇。不过由于其口味另类，进入国内市场也仅流行于狂欢派对和音乐节。近几年，随着国内大批热爱音乐、派对，崇尚激情生活的时尚族群不断扩大以及青年亚文化的流行，野格酒的多样性和独特性被更多的年轻群体看见，这也给了野格品牌发展的契机。

野格酒是一个与年轻人为伍的品牌，因此其致力于围绕年轻群体进行产品消费场景的拓展，通过内容营销打造品牌，用强场景植入打造极致的用户体验。2018年，野格深入年轻人喜爱的夜店和派对场景，利用抖音等新媒体平台推出"野格炸弹"的趴体式喝法短视频，其多米诺骨牌的炸酒方式一夜爆红，成为时下酒吧、夜店以及派对最流行的气氛制造者，也成了年轻人狂欢趴"标配"。而后其通过"野格兑红牛""野格配旺仔"等一系列坊间自制酒精饮料方式的内容输出满足年轻人的多种消费需求。与此同时，野格酒跨界联合美国滑板品牌视觉街装（VISION STREET WEAR），将年轻人喜爱的滑板、说唱、街舞等更多的文化场景元素融入品牌传播，将亚文化植根于品牌的DNA中。野格通过抖音短视频的内容创作，多方位、深层次地呈现出了品牌对于多元文化的主张，以及鼓励年轻人冲破主流，追寻自我的品牌态度，深度引发消费共鸣。

可以说，野格的一夜爆红离不开抖音的流量推手，但更离不开品牌所传递的猎人荒野文化对于年轻群体的情感号召。在积累起强大势能后，野格酒持续增加核心消费群体对品牌的关注度、认知度和融入度，在消费场景中不断挖掘开发新的消费需求和消费场景，逐步开发出烧烤、火锅、聚会等生活化场景，进一步拓宽了市场。

内容营销的巧妙之处就是可以让品牌结合自身的优势将情绪情感和品牌价值不断延展，扩大内容渲染力和感召力，通过更为柔性的方式展现产品特色与优势，持续输出品牌价值观，进而激发消费者的品牌信任和情感共鸣。新消费时代，如何用内容营销争夺消费者的注意力，如何用内容营销传达差异化的产品价值和品牌价值，如何用内容营销增加核心消费群体对品牌的认可度并改变购买行为、激发情感共鸣，成为初创品牌摆脱大规模广告成就强大品牌的重要路径。

用户运营带动品牌扩张

初创品牌在小众市场赢得用户口碑，用内容营销引爆流量之后需要考虑对已有的流量和用户进行运营和转化，带动品牌破圈和强势扩张进入新的增长周期。前文中我们已经指出用户增长成为强势品牌核心的运营理念。在这里，我们通过"百思特用户运营模型"工具再次解读这一方法（图8-2）。"百思特用户运营模型"集合了粉丝运营、社群运营、核心用户扩张、私域流量池建设及客户关系管理五大用户运营模式，旨在为品牌开创借助用户增长实现品牌破圈和业绩增长的新路径。"百思特用户运营模型"主要用来帮助企业选择和组合最佳的用户关系和运营模型，使其与企业的整体目标和资源情况相匹配，能够有效地制定和实施策略。企业

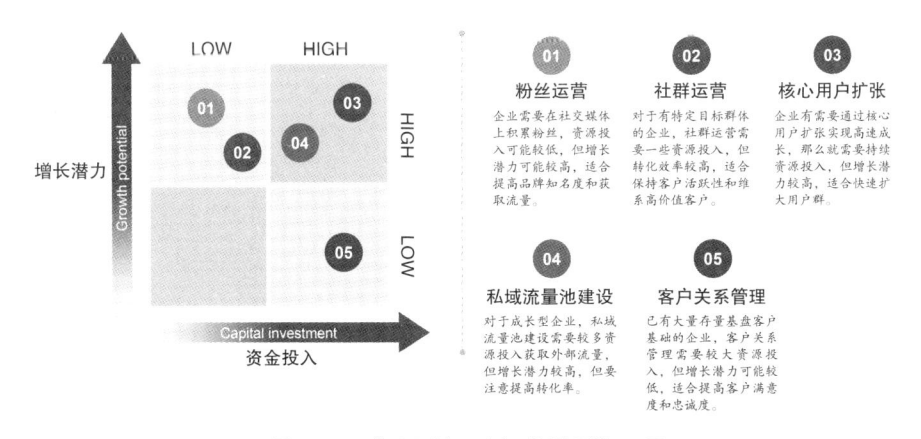

图8-2 "百思特用户运营模型"工具

在选择用户运营模型中应重点关注资金投入和增长潜力双指标，并根据情况进行调整。

"百思特用户运营模型"分析了各种用户运营模式的核心价值和应用策略。社群运营加深了与用户的黏性，小范围内创建了一个活跃的互动圈层，有利于初创阶段品牌的冷启动；粉丝运营作为品牌在新媒体环境下的常态化工作，强调与潜在用户和社会公众的日常互动和扩大圈层影响，帮助品牌在新媒体阵地构建新的流量入口；核心用户扩张关注品牌的利基市场，品牌的阶段性扩张依赖于核心用户群的规模级增长；私域流量池建设通过商品和内容吸引以及承接新的用户流量为品牌带来了持续的复购，有利于品牌实现用户和业绩双增长；而客户关系管理则在于深化品牌与消费者之间的连接，提供更为系统化的服务和体验，帮助品牌实现满意度指标。此模型为品牌提供了一个用户互动关系驱动品牌破圈和用户增长带动业绩增长的全新视角，协助其在数字化时代获得新的增长方式。

粉丝运营

数字时代，社交媒体为企业提供了一个低投入、高回报的渠道来快速积累粉丝。通过社交媒体粉丝增长解决方案，企业可以有效地提升品牌知名度，获取大量流量，并将这些流量转化为真正的商业机会，从而在竞争激烈的市场中脱颖而出。粉丝运营旨在建立企业的传播窗口，对潜在消费者进行吸引转化。粉丝运营的关键点在于快速吸引消费者关注，简单、清晰、有说服力地传递品牌优势、产品特征，从而构建品牌势能。

速溶咖啡新兴品牌肆只猫通过粉丝运营凭借抖音阵地风生水起。在"人找货"电商时代，认知度高的大品牌优势明显。对肆只猫来说，想要突围势必需要更大投入才有望瓜分流量。在发现抖音用户对头部品牌认知尚未固化，适合新品牌发展后，肆只猫选择将其作为营销主阵地，展开粉丝运营。

在充分了解抖音的用户特性和内容商业价值后，肆只猫围绕高性价比策略，着手打造实用主义内容，打造"高性价比心智"。在抖音直播中用直白但凸显高性价比诱惑力的文案，甚至围绕"买30杯拿铁咖啡总计送120杯"的福利政策进行内容输出，并且利用抖音平台的玩法成功引爆流量。每周原产地展示等爆量素材的产出更是持续扩大了品牌知名度，强化了高性价比策略，吸引潜在消费者关注从而逐步积累粉丝。

"强拔草"性质的内容和高性价比爆品策略，帮助肆只猫解决了抖音平台的冷启动问题，完成了早期的用户累积。然而肆只猫也清晰地认识到，一味地低价策略将掣肘品牌的向上发展。而后，肆只猫开始进行品牌升级、焕新品牌形象、包装云南咖啡的品牌故事，进行扩张性的人群拓展和粉丝运营。肆只猫首创了账号经理制，建立工厂型、促销型和主题型等不同人群定位的媒体账号矩阵，从多个角度进行品牌展示和圈粉，完成小镇青年到小镇中老年再到都市蓝领的用户覆盖。凭借粉丝运营在抖音大获成功，2022年仅三个账号就贡献了近3亿元的营收，比上年全渠道总和增长了76%，成为抖音卖得最火的咖啡。

社群运营

有针对性的社群策略可以帮助企业确保客户的持续活跃度，深化与高价值客户的关系，从而为品牌创造持久的用户忠诚度和更高的生命周期价值。在此基础上，社群运营能促进口碑传播，使企业在目标市场建立稳固的品牌地位。现在依然有很多品牌没有注重自身的社群运营，在公众号和群聊里积累了大量的客户，却因缺乏专人运营导致大量客户处于"未激活"状态。简单的积分兑换和折扣券方法，难以有效增进品牌与用户之间的关系，未能让用户深入了解品牌并积蓄口碑势能。

打造一个优质社群，需要注重多维度投入，包括社群的仪式感、参与感、价值感、归属感等。酣客实现"5年100倍增长，7年增长400倍"的商业奇迹[1]，其成功之处就在于创新用户体验和社群互动新玩法，打造酱酒极客社群。首创酱酒新玩法的酣客，让"拉酒线、看酒花、火检法、看挂杯、白酒封测"等一系列创意营销以寓教于乐的方式传递给大众，进而又结合酣客文化纪录片、酣客酱香之旅、酣客文集等强化品牌的文化内涵。一系列操作下，酣客的酱酒极客社群有了稳固的用户基础。而在社群玩法中，酣客不仅带动用户品酒和玩酒，还致力于让极客来主导产业，让消费者转化为销售者。以"酱酒+餐饮"的酣客酱酒体验中心为载体，酣客极客社群以"有文化、有乐趣、有体验、有回报"的多元模式，让更多志同道合的人士聚集，更是以自我实现、被尊重和社交愉悦的效果建立起无法复制的酣客文化，这批酱酒极客和高势能用户也成了品牌发展的核心动力。

核心用户扩张

核心用户扩张的策略在初期需要较大的资金和时间投入。而一旦成功

---

[1] 消费日报网. 谁是中国酒业最蓬勃的生命力？2022中酒展酣客君丰给出了答案[EB/OL].（2022-08-10）[2024-02-02]. http://www.xfrb.com.cn/article/focus/17562330261951.html?btwaf=24809824.

激活和利用核心用户的力量，这些用户会成为品牌的忠实拥趸，帮助企业快速传播口碑，并推动新用户的涌入。因此，这种方法非常适合那些希望在短时间内快速扩大用户群的企业，为他们提供一个稳固并用户持续增长的市场基础。核心用户群体的扩张，有利于品牌势能的建立。核心用户扩张需要企业在品类标准、产品特征方面掌握话语权，并结合权威背书、行业专家和战略级公关活动进行传播，做好对目标客户群体的关注点和消费痛点的解决方案和价值传递，从而以强大的口碑势能吸引大量有类似消费需求的群体关注购买。

例如，"宝宝馋了"面向妈妈群体打造宝宝专属营养师，为核心用户的快速增长起到了关键助推作用。"宝宝馋了"对新一代90后、95后宝妈群体进行深度调研后，发现这一婴童零辅食品类的主力消费人群对宝宝一日三餐的需求呈现出健康、营养等个性化趋势。她们在育儿问题上更有主见并且愿意为科学化、专业化的服务买单。因此，"宝宝馋了"围绕科学喂养，升级品牌定位为"宝宝的专属营养师"，从产品升级为整体用户价值链的综合优势。

在打造爆品方面，针对年轻一代宝妈群体对子女健康和营养的核心诉求，"宝宝馋了"升级品牌形象，通过新鲜食材的营养搭配设计展示食品优势食材，从而带给消费者营养、健康和美味的视觉形象。此外，品牌还首创宝宝定制坚果酥，解决了坚果卡喉咙的风险，实现高营养价值和安全性能的统一，赢得了宝妈们的信任。而后在此基础上，"宝宝馋了"推出萌趣广告，以萌娃撬动流量，强调"坚果五大定制"概念并以萌趣的道理服人，完成从产品到品牌的心智转化，同时选择KOL权威背书，通过对高质量好物分享和测评笔记等万赞评测爆文引爆口碑，在抖音、小红书等年轻宝妈群体聚焦的平台提升产品在用户心里的认知，通过流量获取和内容种草不断扩大了核心用户群体。

私域流量池建设

对于成长阶段的企业，建设私域流量池是个重要战略。这在初期需要较大的资源投入去吸引和汇聚外部流量，但从长远来看，其用户增长潜力是相当巨大的。私域流量池的核心优势在于它为企业提供了一个直接与用户交互的平台，从而增强了与用户的关系和忠诚度。同时，企业也必须重视转化率的问题，仅仅获取大量流量并不意味着实现了有效转化。企业需要不断优化和调整策略，确保流量的质量，并提供具有吸引力的内容和服务，从而真正地把流量转化为实际的客户收益。对消费品品牌而言，私域流量池的建设和运营比公域流量成本更低、有效性更强，更符合时代发展趋势。在流量红利消退、产品推广成本飙升的当下，合理利用私域流量池进行内容服务，将品牌信息结合消费利益进行传达，不仅能对新的用户流量进行沉淀，还能带来持续的复购率，推动用户群体和销售规模双增长，助力品牌形成热销势能。

和公域流量相比，私域流量更具有稳定性和可持续性，是品牌长期发展不可或缺的要素。永璞咖啡通过私域流量池建设构筑了一个完整的体系，该体系由公众号"永璞"、企业微信"石端正"、小程序"永璞小岛"、视频号"永璞"共同组成。庞大的多元矩阵极为注重分享咖啡知识和制作方法，永璞利用IP"石端正"作为虚拟代言人构建品牌私域社群。在社群中，永璞设置了"石端正"的形象与用户交流，用于实时追踪产品反馈和加强与用户的连接。永璞还通过制定社群规则、定义社群玩法和抓住核心用户，让用户积极并热情地参与到品牌建设中，积极调动粉丝互动，引导粉丝主动探讨关于品牌的各类话题。

与此同时，在持续把流量沉淀到私域社群中后，永璞还结合产品种草、新品播报、用户感受反馈运营等高效转化客户，以偏生活化、接地气的方式活跃于私域流量池，培养忠实用户。其中，永璞咖啡私域会员更是以"岛民"自称，通过趣味IP形象设计和趣味干货的内容、活动等形成统一的品牌价值观，加强了用户对永璞的喜爱度和黏性。在会员体系中，品牌推出会员积分"端正币"，用更多更深层的附加增值服务吸引用户，并持续精选出核心客户，让私域流量池的价值转换更为高效，也让品牌获得源源不断的忠实用户。永璞通过社群运营建设起了私域流量池，让其成为一个具有深度感受力和聚合力的团体组织，从而反哺永璞的品牌发展。

客户关系管理

对于已拥有庞大存量客户基础的企业来说，客户关系管理真正的价值在于更精细、系统地管理和服务已有客户。通过客户关系管理，企业可以更加深入地了解客户的需求和喜好，从而提供更为个性化和贴心的服务，进一步提高客户满意度。高满意度往往会转化为更高的客户忠诚度，这不仅能增加复购率，还能通过口碑营销带来新的潜在客户。

当前仍然有很多品牌对客户关系管理停留在"客诉处理"的初级阶段，对客户关系实行"不诉不顾"的被动处理状态。但随着竞争激烈程度的加剧，客户关系管理的重要性凸显，并将上升到战略层面。消费金额越高，客户对服务内容和关系管理的要求就越高。个性化、及时化的贴心服务，对企业而言看似增加了运营成本，实则对想提升行业地位的高端品牌而言，这些都是必要的战略投入和竞争变量，对优化品牌形象、完善品牌口碑、提升品牌势能并实现销售转化有着重要作用。

Babycare在建立千万会员体系过程中，全面展现了"从用户中来，到用户中去"的经营管理思维。针对怀孕阶段的准妈妈渴望母婴领域的专业指导这一核心诉求，Babycare采用了针对性群运营和一对一个性化运营模式。同时，Babycare将客户关系管理和私域打通，构建全渠道会员体系，让服务和内容不再割裂，也让线上线下会员权益共享，提高服务体验。公域主打引流，私域主打社群运营，Babycare在全渠道积累起了4500万用户和1000万会员，而后为了提升用户消费体验，Babycare通过数字化不仅在线上实现公私域联动，激发消费潜力，更在线下全面完善可复制的单店盈利模式（涵盖选址+商品策略+门店的运营管理+店务管理）。

此外，在进行用户生命周期运营链路方面，Babycare基于用户属性分别设置新人礼、三单策略、品类推荐、月龄推荐等内容推送，实现用户存留转化，并且通过近距离的感知和深入的了解，将用户的需求反馈到新产品开发中。在突出品类优势的基础上，Babycare还进一步借助母亲节、三八妇女节等节日活动，以多种优惠形式组合以及分层会员体系，围绕用户需求持续提升复购。

在业绩持续增长的同时，Babycare也通过数字化创新不断优化升级客户关系管理体系，实现了全域会员打通与权益积分共享，更是从消费者洞察、供应链、运营系统等各个方面进一步提升了品牌的竞争壁垒，光是2022年双十一期间，Babycare全渠道商品交易总额（Gross Merchandise

Volume，简称GMV）高达14亿元，实现了品牌声量和业绩的双增长。

粉丝运营、社群运营、核心用户扩张、私域流量池建设及客户关系这五大用户运营模式，既是企业内部与用户群体之间的运营模式，也是实现品牌扩张的战略途径。如何深耕品牌与用户之间的关系，拓宽渠道，通过用户活动和内容传播强化用户对品牌的价值感知，以个性化、精准化和及时化的服务形成具有战略意义的品牌口碑和势能营销将是今后品牌快速发展的关注重点。

战略级公关引爆势能

战略级公关的实质就是通过聚焦少量的公关活动实现品牌战略意图，在行业人群和目标顾客心目中建立强势品牌效应和传播差异化价值认知，强势品牌往往能够为顾客提供超越认知期望的产品和服务，并能创造与众不同的感知体验。随着广告作用的衰减和用户互动体验以及客户关系的作用越发重要，公关已成为当今品牌战略实施的核心。公关包含的工作范畴相对宽泛，而能达到战略级作用的公关往往仅仅是少数几种活动。大量新消费品牌都擅长于内容营销实现品牌曝光和价值传播，但内容营销往往带来的是流量增长而非品牌势能提升。故而在强势品牌打造过程中，战略级公关发挥着无可替代的作用。

战略级新品发布会，吸引业内所有目光

积极与公众和业界保持沟通是企业实施战略升级，传递品牌价值理念的重要渠道。

喜眠是国内首个高端儿童排汗睡衣品牌。以往，"纯棉就是好的"这

一认知一直深植于消费者的认知中。然而儿童天性好动多汗，特别是夜间睡眠期间，如果不及时处理，会造成儿童着凉、起痱子等症状。纯棉纤维结构天然呈鱼鳞片形状，如果遇水膨胀会阻碍汗液蒸发排出，因此并不适合作为儿童睡衣。

2019年，喜眠举行"打破纯棉认知误区"发布会，其创始人贾千生不仅旗帜鲜明地控诉纯棉七大认知误区，更以破格的姿态直接现场"手撕纯棉"。针对婴幼儿易出汗的困扰，喜眠研发出排汗吸汗快并且比纯棉干燥速度快5倍的专利面料"蓝魔纺"（hinos-everyday）。其制成的"喜眠排汗睡衣"面料柔软亲肤，可以有效排出孩子们日常产生的大量汗液，从而解决孩子因穿纯棉睡衣出汗排不出、捂汗黏身的问题。在介绍喜眠的品牌产品时，贾千生介绍了产品代表色"喜眠蓝"，意味着清爽干净。

此次发布会吸引了大批量的宝妈关注。随着相关话题热度持续升温，喜眠也完成了品牌与用户的深度触达，用传播差异化价值认知的方式为品牌确立"排汗睡衣"品类赛道领军品牌打下了坚实基础。尤其在发布会现场，喜眠创始人除了表示自己有责任揭露纯棉睡衣吸汗不排汗、捂汗的认知黑洞，有责任唤醒中国2亿新妈妈对纯棉睡衣的认知误区之外，还邀请了两位喜眠儿童排汗睡衣的顾客代表知名绘本漫画家和时尚买手现身说法，为其发布会面世的蓝魔纺面料和新品技术背书。由于"眠"和"棉"同音，极易让消费者陷入品牌纯棉的认知，因此借助本次发布会，喜眠正式更名为小蓝象，开启了新一阶段的品牌旅程。可以说，这次新品发布会堪称战略级公关，实现了一次公关造势，对其品牌势能的打造具有举足轻重的作用。2019年618购物节期间，小蓝象旗舰店成交量相比往年提升4

倍,荣登天猫618奇迹榜榜单之首。在"优选婴儿睡衣榜"中也以人气指数9.7的高分首居榜单第一。

和喜眠一样,捷途同样通过战略级公关触达消费者,传递品牌理念,成功引爆势能。捷途汽车一直坚持"旅行+"战略,不断打磨适合旅行的产品,为用户创造新的价值,通过旅行+发布会和战略级新品发布会的举办,以全新户外旅行露营等生活方式引领汽车市场发展,赢得了用户青睐和行业赞誉。

2022年,中国首届旅行+大会暨捷途汽车品牌之夜活动成功举办。捷途汽车发布全新产品战略规划,从品牌、产品、营销维度全面升级"旅行+"战略,正式宣告其"新旅途"的品牌发展新征程。

在2023年,一款"为旅行而生"的轻越野SUV——捷途旅行者正式发布,在产品设计中,捷途融入了"旅行+"元素,把"此生必驾318"的国道路线图刻在了中控台。此外,捷途还为旅行爱好者提供了独有的,可以与手机端协同的车载生态路书,将超过1.5万条成熟的网红旅游路线纳入车载生态路书。为了让"懂旅行,才更懂旅行向往者"的核心理念被更多用户认同,突出越野、安全、舒适、智能、"旅行+"生态等产品力,捷途将产品上市发布会与品牌"旅行+大会"完美结合,打造了一场别开生面的战略公关盛会。

产品发布会现场,捷途汽车邀请了阿音iris、聂小雨、宋金戈、侣行夫妇、暴走兄弟、云起姑娘等知名旅行专家KOL和车主代表进行产品背书,并围绕"向往"和"前往"两个话题进行分组挑战。这让话题关注点从产品本身延伸到了户外旅行露营等领域,引起了旅行圈广泛热议。此外,专业人士在全程目睹或上手体验后，都对捷途旅行者所拥有的28°接近角、30°离去角等产品优势亮点给予了高度好评。可以说，捷途将发布会活动打造成了一场与热爱旅行的年轻人的狂欢Party和品牌公关会，巧妙地拉近了品牌与用户的距离，并通过人与车的互动传递品牌理念，进一步夯实了捷途"旅行+"出行生态领导者地位。捷途旅行者上市首月，累计订单就达到35156台，成为捷途品牌旗下又一款现象级车型。

身处信息爆炸的消费时代，消费者每天面临大量的传播信息。许多品牌对新品上市的推广，往往采取广告投放方式，导致新品信息被淹没，未能引起目标受众的注意和认知改变。战略级的新品发布活动，除了进行活动创意和品牌曝光之外，核心在于针对目标群体进行品牌势能提升和消费认知的改变。因此对上市新品而言，针对消费痛点进行品类标准升级重构，在行业人士和核心目标受众群体中进行认知重塑和势能引爆，从而让新品上市备受关注和好评，起到"浪潮式发售"的销售传播效果。

战略级用户互动活动，强化品牌记忆和势能

强势品牌之所以在市场上更具竞争力，不仅在于其产品的独特性，更在于它们重视用户互动，塑造独树一帜的品牌文化，通过强化品牌记忆和势能，强势品牌与忠实用户形成了紧密的情感联系。风靡全球的哈雷机车，就继承了美国西部牛仔精神，在现代摩托车工业的基础上将品牌的自由个性、独立进取以及风格品位发挥得淋漓尽致，通过美国哈雷摩托车车主会（Harley Owners Group，简称H.O.G.）一年一度的机车大会打造强势哈雷机车文化，让大量忠实车主为品牌崇拜着迷。

哈雷车主会组建于1983年，是哈雷品牌战略体系中的重要一环。在机车大会上，世界各地的哈雷忠实车主相聚在一起，他们穿着极具个性的服装，骑着哈雷摩托车，在享受骑行的同时参与到摇滚乐、啤酒等狂欢活动中。这种独有的哈雷机车文化作为一种圈层文化，不仅寄托着哈雷用户自由、独立的骑行感受，更是将所有用户凝聚起来诞生出了一个最为庞大的车主会。可以说，H.O.G.是由哈雷忠实用户主导的一次成功的战略级公关活动，哈雷真正把驾驶者和机车本身融合到一起，让每一辆机车都体现着车主独特的个性与修养品位。与此同时，H.O.G.也成了各个车主展示自身改装、涂装的交流会。张扬个性的哈雷服饰以及印有图案的黑皮夹克、皮带等配饰，彰显出仪式感和自由酷炫的文化。哈雷不只是一款机车的代名词，更是一个具有无限包容度的哈雷文化系统，对哈雷用户乃至更多机车爱好者有着无与伦比的吸引力。这种战略级用户互动活动对于哈雷品牌地位的巩固有着不可估量的价值。此外哈雷各地的经销商也会把独立的哈雷车主联系成一个整体，通过最能展现哈雷精神的拉力赛进行用户互动。在追求速度、激情和智慧的赛事比拼中，哈雷为车主提供包含配件改装、驾驶演示、音乐演出、技术交流、保养维护和研讨会在内的一整套赛事服务，让车主在狂欢的赛事氛围中充分享受驾驶带来的自由体验。

经过多年的发展，H.O.G.像一条纽带一样，以"不灭的骑乘激情"为羁绊连接了遍布世界各地的哈雷车主，成为全球影响力最大的摩托车组织。截至2013年，H.O.G.的全球分会数量已超过1400家，会员数量已达百万级，成为全球有影响力的强势品牌。

随着市场消费选择越来越多，维系用户忠诚度的难度也越来越高。当消费者对某个品牌逐步失去新鲜感和关注度，品牌方更要懂得抓住时机通过用户互动，在品牌印记在消费者心目中开始减淡时，重新唤起消费者对该品牌的新鲜感，同时吸引媒体的关注和受众的注意。而玉米罐头品牌"绿巨人"便很懂得时机这一重要的公关战略。

玉米罐头品牌"绿巨人"是备受美国消费者喜爱的冷冻蔬菜品牌。在拓展美国市场时，品牌在车流量庞大的美国169号公路明尼苏达河谷公路旁打造出一块巨大的绿巨人雕塑。绿巨人本身就是美国漫威漫画旗下超级英雄，在全美乃至全球都拥有庞大的粉丝群体，在儿童群体中更是有广泛的影响力。有绿巨人雕塑的公路路段顿时成为全美知名旅游打卡地，每年有超过1万名游客参观这座雕像。在吸引来巨大粉丝用户的基础上，绿巨人独特的形象成了品牌最好的标识，增强了品牌的辨识度和记忆度。凭借着该品牌形象，绿巨人以独特的个性和情感连接与消费者建立了深厚的情感联系。

然而随着市场同质化竞争激烈，绿巨人在意识到其品牌关注度不如往昔且持续弱化时，抓住每年暑期这一有利时机展开战略级公关活动。首先，考虑到暑期是亲子相处最多的时候，绿巨人精心设计了"绿巨人亲子互动玉米大餐"，请童星和其母亲一起下厨，借助社交媒体互动，让活动的关注度和影响力迅速提升。尤其是星妈埃里森·施威尼（Alison Sweeney）和儿童营养师梅丽莎·哈勒斯-梁（Melissa Halas-Liang）的参与，他们不仅为现场妈妈们提供了健康饮食贴士和食谱，还通过蔬菜戏法、高跷表演娱乐活动营造出欢乐的氛围。其"素食宏誓"活动为儿童创造了蔬食之乐，同时也传递出了品牌致力于为消费者提供绿色方便、营养健康的理念。在媒体关注和传播下，用户群体对"绿巨人"品牌核心价值的感知体验更为深刻，品牌势能再次走高。

此外，暑期也是天气炎热的时候，绿巨人开展清凉营销，将招牌玉米加入夏季冷饮中。品牌推出的"绿巨人亲子互动玉米大餐"活动，以及和餐厅合作举办的"沁凉玉米周"，精准切中酷暑时节消费者想喝冷饮的需求，进一步强化品牌记忆和势能。要保持足够的品牌活跃度，避免品牌陷入老化或者势能衰退，就必然要通过战略级用户活动让品牌持续性地被目标客群感知体验。在这方面，绿巨人的营销堪称业界标杆。

经营品牌的最高境界就是营造一种文化理念和价值观。当行业从高速发展期进入平稳成熟期以后，决定领先品牌的优势不再是传统的产品特征、渠道结构和品牌形象，而是文化理念。品牌文化的理念包含消费者对品牌的价值观认同、精神感召和社会赞赏，可以调动消费群体对品牌的更高维度的感知，强化消费者对品牌的美好印象和积极联想。成功的战略级用户互动活动，往往更注重品牌文化理念的传递。通过赢得更多消费人群的喜爱，推高品牌势能。

战略级品牌沟通会，阐释品牌最新价值理念

战略级公关需要结合品类、定位强化可信度，阐释品牌最新价值理念，达到润物细无声的境界。在2020年"轩妈战略品牌升级发布大会"上，轩妈食品正式宣布"轩妈"品牌全面升级并发布多款战略新品。轩妈将此次发布大会视为品牌转型升级的一个战略支点，而在包装设计上的创意和匠心，成为轩妈阐释品牌最新价值理念的关键所在。众所周知，产品的包装设计不仅仅是皮囊，更是企业品牌的视觉表达。通过巧妙的设计，可以将企业的价值观、文化以及核心理念融入产品外观，从而在消费者心中建立起深刻的品牌印象，传达品牌的价值和核心理念。

蛋黄酥作为传统烘焙小吃，市场集中度分散，长期处于"有品无类"的状态。在此次发布大会上，轩妈不仅强调了旗下蛋黄酥产品的精品定位，而且重新树立了"没有好蛋黄，轩妈不开工"的品牌口号和全新的品牌超级符号和超级包装，表现出品牌对"蛋黄"的关注，而其包装上的优质"正"印标签，强化了蛋黄酥安全可信度，也强调了轩妈蛋黄酥满足国际标准，传递出品牌为消费者提供极致产品的决心和对产品高品质的承诺和保证，从而进一步确立了轩妈在蛋黄酥品类的领先地位。此外，同步展出了动画IP形象"小酥酥"，引起了年轻受众的广泛兴趣，靠着全新包装升级，轩妈让品牌升级大会成为战略级品牌沟通会，以更具亲和力和更接地气的方式精准阐释了品牌最新价值理念，也为后续深度开发年轻消费市场埋下了伏笔。

与轩妈打法如出一辙的还有儿童鞋服品牌ABC KIDS。在2018年举办的"中国起步 因爱而变"——2019年起步股份ABC KIDS品牌焕新大会上，ABC KIDS决定全球范围内更换全新标识，正式启动品牌季度主题"塑造新生"。作为起步旗下中国儿童鞋服专业品牌，ABC KIDS一直用专业、专注、专心、专家的精神，致力于为中国儿童提供专业的鞋服产品。而在此次焕新升级中，ABC KIDS更是以战略品牌沟通会的形式，首次换标强化新标识，以经典品牌标志性红白风格为主，进一步将标识形象IP化，使其更具辨识度。并通过A、B、C三个字母组成的玩偶形象，呈现出A字形身材，B、C造型的小耳朵，结合黑色拽萌的大眼睛，使品牌印记更为突出的同时进一步打造品牌特有的时尚感，传递出品牌童趣、活力、时尚的魅力的品牌理念。而该新标识与ABC KIDS品牌广告语"专业爱孩子"也极度贴合。被命名为"爱宝"、昵称为"ABC小怪兽"的品牌新标识进一步突出了ABC KIDS"爱"的品牌世界观，这也是起步文化的核心理念。

对于志在全面进入时尚、潮流儿童鞋服市场的ABC KIDS来说，以"爱"为核心，要凸显出品牌"时尚、舒适、科技、环保"的内涵，就必然要有一个能贴近儿童消费群体，引发情感共鸣的品牌标识。在整个大会期间，从主画面到各种周边产品、视频以及互动活动，"爱宝"无处不在，用充满童趣、活力、时尚的魅力赢得无数好评。新标识人格化、故事化后，其易延展、好应用、强辨识的形象特点也有利于推广宣传，进一步提升了品牌的辨识度。也正是通过这次战略级品牌沟通会，ABC KIDS品牌升级后的发展高歌猛进。在2020年世界品牌实验室发布的《中国500最具价值品牌》分析报告中，ABC KIDS就以96.95亿元的品牌价值入围榜单，成为中国儿童用品行业唯一连续11年入选的品牌。

战略级品牌沟通会是企业公关的高级阶段，旨在将企业价值理念和战略发展机会通过公关活动的形式传递给目标受众，转变目标受众的消费认知，从而提升品牌势能。而从上述案例不难发现，具有价值性的战略级公关活动，不仅仅是制造话题流量和吸引眼球，而是要充分利用第三方视角，承担起对新品类的教育工作，打消消费者的疑惑，起到深度传播品牌理念和品牌优势并引发情感共鸣的重要作用。一方面，可以通过巧妙地借助热点，与竞争对手产生关联；另一方面，也可以利用与消费者心智中存在认知落差的事件，在引起消费者关注的同时直击市场痛点，实现品类标准定义和话语权掌控。真正让品牌的理念不被碎片化信息淹没，带着强大的传播价值精准植入目标群体的心智中,并实现破圈传播和认知牵引,从而实现品牌战略目标和业绩持续增长。

精准分销实现持续增长

在过去的20年里,传统营销绕不开线下的深度分销和线上的流量购买,高额的渠道费用和促销投入让品牌方苦不堪言。近年来,随着新零售崛起,渠道之间竞争愈发内卷,传统大路货难以为新的渠道商带来新增客流,线上新零售和线下新零售都强调了满足消费升级需求对货品供应进行升级。优质小众产品不再缺少适销对路的新渠道,新消费品牌不再担心渠道开发问题,新的渠道方也愿意扶持新品牌给予精准匹配客群,新渠道承担了流量运营工作,企业方和新品牌只需要专心做好产品,产品自带内容属性和口碑分享基因,则不需要投入大量广告费和进场费就能快速实现销售增长。因此,新渠道精准分销成为企业和新品牌引爆增长的核心秘诀,依靠深度分销和流量购买的传统渠道运作模式已不合时宜。

当前,新零售渠道发展已经进入3.0时代。线上社交电商退潮,社区团、私域电商和直播电商以及短视频电商兴起。"O2O"(Online To Offline,即线上到线下)到家平台电商覆盖的家庭消费场景所需货品越来越丰富,满足了新消费人群便利化需求。线下门店进入智能化、社交化、互动化场景应用阶段,部分KA商超开始大规模投入到家服务,为家庭消费提供品质商品应对线上平台竞争,线上线下加速融合之际,体验互动和用户复购成为各个渠道正在追求的经营目标。众多新消费品牌在选择新渠道时,天猫或抖音成为有实力的企业优先拓展的主流线上渠道,而批发市场由于其覆盖的线下社区店终端和线上社区团终端能够带来快速的销售反馈，成为大量中小企业的主战场、新品投放和爆款迭代的最大试验场。

在新商业时代，不少新消费品牌能够实现业绩倍增，背后均得益于在新渠道上实现了精准分销和KA化管理，通过与新零售渠道共创产品最终实现定点引爆，既实现了渠道内的销售转化又实现了品牌打造目的，这一业务模式创新不同于传统深度分销业务模式，其大大降低了品牌方的渠道运作成本和费用投入，颠覆了过去渠道仅仅是销售和促销的职能作用。

而从目前来看，线下渠道仍旧占据整个主流市场，不少新消费品牌在线上实现品牌引爆之后开始进入线下市场，在线下渠道开拓过程中这些新消费品牌也都遵循了精准分销的原则，开始进入新的增长周期。

以虎皮凤爪起家的王小卤，从2019年到2023年，连续四年实现全国虎皮凤爪销售额第一，年营收破10亿。王小卤正是通过深耕品牌、产品、渠道、供应链，精准应对市场变化的挑战，成就了行业领军地位。

尤其是在渠道建设上，崛起于线上的王小卤同步积极开拓线下渠道，形成了"线上+线下"的多样化渠道布局。在线下渠道布局上，王小卤以精准分销为原则持续开拓与物美、永辉、苏果等大型商超，711、罗森、全家、便利蜂等连锁便利店，以及盒马、叮咚等新零售平台的线下销售合作，让终端零售覆盖全国300个以上城市超过10万终端。

在传统认知中，新消费品牌的优势就是借助社交媒体的高效触达，以内容营销迅速引爆流量，依托线上更为扁平的销售层级和更高效的转化效率实现销量的快速增长。然而王小卤所主打的卤制品有着行业特殊性。从根本来说，卤制品消费动机中冲动型消费居多，产品的即食性、可见性、可触达性对销售额具有较大影响,而线下渠道更能贴近主流消费群体,在销售渠道中的主导地位不可撼动。

近年来,随着线上市场竞争进入存量时代,王小卤开始把线下渠道精准分销作为开拓新增量市场的核心领域,还专门以大数据为基础构建了线下渠道分析模块,通过对营销中心销售订单表现、经销商销售表现、增长表现等核心业务数据的持续追踪不断调整线下渠道运营策略。尤其是在和终端销售商及经销商的合作中,王小卤高度重视市场调研,通过收集线下消费者消费习惯、喜好等数据,进一步实现对用户画像的调研和分析。卤制品除了休闲场景以外,还包括餐桌(佐餐)及情景消费。王小卤在市场调研中就发现,线下消费的很多家庭用户都喜欢看电视剧,于是,在《梦华录》《沉香如屑》《幸福到万家》等热播大剧中持续进行品牌投放。这让王小卤在线下渠道目标客群的曝光度和影响力得到大幅提升,进一步促进了渠道销量增长。

在发力线下渠道不断取得新突破的基础上,王小卤的供应链生态化建设也加大了投入力度。2022年3月,王小卤签约江苏靖江市政府,以总投资10亿元开启生产基地项目。按照规划目标,该项目建成后预计可年产3.5万吨虎皮凤爪等休闲食品。产业供应链的自主建设也将为未来王小卤的线下网点和渠道的深度建设注入强大动力。目前,王小卤的线下渠道营收占比已经高达70%。2023年上半年,王小卤的线下销售渠道对比去年同期更是增长幅度高达30%—40%。

打通线上线下,才能延长产品的生命周期,实现品牌价值的持久增长。同样,潮流速食品牌莫小仙在品牌发展进入瓶颈期后,也是通过进入线下渠道进行精准分销迎来了全新的增长周期。

创立于2017年的莫小仙，起初爆红于线上渠道，并在2019年做到了淘宝自热火锅销量第一，其自热米饭在2022年也做到天猫品类销量第一。在市场上，很多新消费品牌成为"网红品牌"的发展之路，普遍经历了四个阶段：第一年，线上冲量、爬榜、融资，第二年KA铺货，第三年遭遇线上增长瓶颈，第四年品牌没落。究其原因，线下受阻加上线上流量环境的恶化，让这些品牌都逃不过"网红魔咒"。新消费品牌无法做好线下渠道，很重要的一个原因是把线上产品简单搬到线下后，产品与渠道经销商无法实现精准匹配，商品零售毛利、经销商分销毛利都无法支撑线下运作。而之所以出现这种现象，就是因为新消费品牌忽视了线下营销团队组织建设，让精准分销沦为空谈。正是意识到了这一点，莫小仙在制定线下渠道策略之初，就重新梳理明确了一系列核心问题，包括：企业需要怎样的产品结构？不同的产品要满足什么渠道？如何开发不同的渠道？渠道市场开发人员需要怎么做？品牌和经销商如何确立合作关系？等等。

由于莫小仙创始人王正齐本身就是深耕行业24年的零售老兵，也是线下出身的速食品牌资深操盘手，在线下渠道开发方面有着成熟的经验与方法论。莫小仙切入线下渠道后，精准地将大卖场、超市、便利店和综合渠道作为发力点。随后品牌逐步进驻了沃尔玛、大润发、家乐福、盒马、美宜佳、胖东来、全家等大型KA超市和便利店，实现了线下网络KA渠道的精准分销。与此同时，莫小仙的线下团队人员很多来自各大知名消费品大厂，拥有多年渠道拓展经验。他们在团队的组建和管理、渠道的拓展、SKU的调整、活动的推广等方面搭建起一套数字化管理系统，运营效率大幅提升。基于此，莫小仙在开发线下渠道市场的过程中也以专业水准严格筛选经销商。尤其是在地级市经销商甄选方面，莫小仙在保证经销商关心的利润、售后、促销市场推广等利益的基础上，对货架陈列、经销商服务能力同样提出了高要求和严标准。在洽谈中，莫小仙的市场团队还会拿出涉及经营情况、利润、客户评价等内容的调研报告，赢得经销商的信任。在优中选优和长期合作中，莫小仙以有体系、有标准、有打法的线下市场营销，构筑了强有力的渠道合作体系。

随着方便食品行业逐步回暖，赛道竞争也明显加剧。其中，除了连锁火锅业巨头海底捞推出自热火锅、冲泡米饭等方便食品外，行业老牌巨头康师傅、统一也开始推出自热面等新产品，再加上三只松鼠、良品铺子、百草味等休闲零食巨头纷纷进入赛道，莫小仙也面临越来越大的市场竞争压力，因此对于线下渠道的投入也更注重精准高效。

莫小仙终端渠道已覆盖至县级城市。而在织密线下市场网络时，莫小仙更注重以重点样板市场实现线下渠道的快速裂变。在莫小仙布局的线下市场中，每一个省份都有几个重点的地级市或者县级市市场，这也是莫小仙打造线下样板市场的核心区域。以浙江宁波市场为例，莫小仙经过两年努力，将宁波经销商做成了经销商所有代理品牌中销量和利润综合排名第一的品牌。自此，莫小仙的品牌口碑在整个浙江市场辐射扩展，更多城市的经销商主动寻求合作。而莫小仙在合作共赢的基础上，更注重由经销商来讲故事和做背书，进而将品牌的推广动作、动销机制、经营打法、利润分配等内容形成体系化标准，以点连线，以线连面，从而以样板市场全面带动省级和全国市场的拓展。

对众多新消费品牌而言，伴随着线上用户规模的增长见顶，从十亿级到百亿级的发展必然涉及线下的精准分销。在过去的十几年里，有大量线上品牌被贴上"淘品牌"的标签，一方面原因是这些品牌难以进入线下市场，品牌势能和品牌热度被大量后进者的流量竞价消耗殆尽。另一方面原因是这些品牌仅仅简单地把线上模式复制到线下渠道，没有针对线下的运营环境设计新的毛利点、产品特征。伴随着新零售时期的渠道竞争升级和消费升级，新消费品牌需要结合渠道和消费群体特征进行产品创新，通过精准分销引爆品牌势能，从而从线上走向线下、从区域走向全国。

第九章　识别常见的品牌战略陷阱

戴维·阿克在《创建强势品牌》一书中指出，品牌定位是品牌形象和价值主张的一部分，通过与目标受众积极沟通以显示品牌竞争优势。企业对品牌形象的探索往往最终会演变成对品牌定位的探索，此时就极易陷入品牌定位陷阱。这一陷阱会阻碍系统化的品牌形象建设，因为战略制定者热衷于聚焦产品属性，从而忽视品牌个性、品牌联想等其他创建品牌势能的因素。

营销高于品牌战略，抢占心智高于一切

长期以来，电商企业一直信奉流量为王的经营理念。大部分"淘品牌"和"抖品牌"把抢夺流量放在营销战略第一位。电商企业即使破价亏损也不惜投入占比超过30%的资金购买流量直接转化短期可见的销量，大大忽视打造品牌实现溢价营收这一长期目标。这些以获取流量为首要任

务的企业往往跟不上电商平台变化节奏，无法获得收益性增长和可持续发展。电商企业通常将品牌战略等同于营销战略，其品牌溢价能力和品类中份额占比往往变得不可实现，品牌的商业价值自然无从谈起。

近年来，大量凭借电商起家的新消费品牌通过"无限制扩充品类商品+线上内容投流+电商转化快速启动"的发展模式获得资本青睐，但其面临的市场残酷考验远不止线上种草打造品牌声量、流量购买实现线上销售转化这些电商企业共有的基础标准动作，品牌的控价、产品矩阵合理搭配、爆款怎么成为大单品、经营利润的实现、品类份额的获取等一系列高难度动作才是决定这些新消费品牌商业价值高低的关键。

以轻食赛道的头部品牌鲨鱼菲特为例。在推出爆款产品即食鸡胸肉后，鲨鱼菲特在品类延伸上一发不可收拾，先后推出荞麦面、魔芋丝等细分领域多个单品，其SKU一度多达200个。然而，鲨鱼菲特采用传统淘品牌重流量，重传播的老路，无限制扩张品类，缺乏品牌发展战略逻辑，很难成为第二个三只松鼠。

鲨鱼菲特早期通过聚焦"健身人群"推出鸡胸肉，抓住轻卡速食的品类先机并且依附电商渠道流量大获成功。然而，由于同质化竞争激烈，鲨鱼菲特在面对增长困境时采取了横向扩张的产品策略，试图以跨品类的方式突破增长瓶颈。鲨鱼菲特旗下产品分为涵盖蛋白肉类、粗粮主食类、轻卡调味料类、元气冲饮类、减负零食类、高纤烘焙类六个系列，推出多达200多个SKU，导致其品牌建设彻底失去专业聚焦，虽然企业在早期收获了轻食营养健康食品的认知，但在横向品类扩张中这种认知被大大稀释，陷入了高投入低回报的困局。可以说，鲨鱼菲特走的仍然是此前淘品牌"海量扩充产品SKU和抢坑位流量"的老路,由于缺乏品牌发展的战略逻辑,其核心产品与核心品类面临着被淡化的风险,品牌竞争力自然严重削弱。反观三只松鼠,同样是前期通过无限的产品延伸而崛起的电商网红品牌,在放弃零食化战略回归坚果大品类后,三只松鼠商业价值未来可期。

三只松鼠同样在淘品牌发展模式上走过弯路。在多样产品延伸、品类扩张的过程中,三只松鼠覆盖了从坚果到袋泡茶、果干、烘焙、肉制品在内的庞大零食茶饮市场。然而,无限制扩张品类并没有带来营销业绩的正向增长。而后三只松鼠缩减一半数量的SKU至300个左右,让战略重心重新回归坚果类产品,聚焦坚果品类战略,从流量驱动调整为心智驱动,继续塑造坚果专家与行业领先品牌的认知,进一步夯实品牌力。坚果行业一直存在入局门槛低、同质化严重、市场集中度不高等问题。随着健康化消费趋势发展,三只松鼠凭借在坚果行业的多年积累和坚果领先品牌认知,旗下更有年销10亿级的大单品每日坚果,以及碧根果等多款亿级大单品。重新回归坚果赛道,三只松鼠自然能够发挥出品牌的优势效应,重焕新生。

电商企业把流量为王作为营销重心,而传统企业则把渠道为王奉为品牌经营圣经。他们视营销高于一切,以营销为经营导向,往往忽视品牌赋能营销的力量,因此很难突破增长瓶颈。而重视品牌战略的企业往往能够收获非凡的经营成果,实现品牌商业价值的最大化。

辣条界冠军卫龙就是以品牌战略为导向,进而以品牌溢价能力和品类市场份额为经营目标,重视品类规划,严格控制投放市场的产品数量,持续培育辣条品类大单品,打造强势品牌效应实现业绩倍增和资本市场目标的。以卫龙辣条品类冠军为品牌战略核心,"多品类少产品大单品"战略进一步满足了品牌持续扩张的需求，在此过程中，其品牌影响力不降反升。

在重视产品质量、安全性之外，卫龙还注重与消费者的互动，通过多维度的创新强化品牌价值，进一步巩固其在休闲食品行业的领导地位。2023年9月，卫龙推出新品"霸道熊猫"，这是卫龙根据消费新趋势研发打造的四川麻辣口味辣条。该款产品由川菜非遗传承人张元富认证、中国著名包装设计师潘虎设计的熊猫，既承载着品牌对消费者情感链接的深层思考，又体现出坚持辣条的品牌战略主线，这正是卫龙多品类大单品战略的高明之处。

在品类扩张和市场增长过程中，卫龙坚持将"国民辣条品牌"作为品牌战略主线，精耕现有辣条品类，持续投入魔芋爽、亲嘴烧等新品类大单品培育开发，提升新品类产品的核心竞争力。同时根据不同渠道和销售场景特点，在包装、品类、规格等多个维度持续研发创新，在捍卫辣条行业王者地位的同时收获新的市场增量。

此外，"品类内的心智占领是品牌终极战略"这一理念被很多企业奉为真理。抢占心智成为用户优先选择，也是定位界最广为流传的价值信条。而实际上，品牌竞争不仅体现在用户心智份额上，还体现在用户注意力份额、用户钱包份额、用户选择偏好、市场渠道份额等维度。随着新媒体崛起和信息碎片化，用户注意力份额的争夺成为品牌竞争的核心之一，品牌很难再通过规模化广告实现目标人群的精准覆盖，新消费人群更相信权威机构和专业人士的评测、KOL的推荐，也更愿意以内容种草的方式接触品牌信息，一句广告语抢占心智也就成了无源之水。与此同时，用户对品牌的选择偏好也受多重因素影响，而非单一心智认知因素，价值共创、品牌共鸣、用户体验、社群关系、购买动机和消费习惯以及购买力甚至决策影响人都是影响选择偏好的关键因素。新商业时代，品牌的价值体验和口碑服务以及基于品牌核心价值所积累的势能等要素远远大于心智认知因素。

以白酒行业为例，酣客以独到的社群运营与巧妙的分销制度设计实现了品牌崛起。创始人王为提出"FFC商业模式"（Factory-Fans-Customers，社群粉丝经济模式）、白酒封测文化理论、"从喝到做，底层重做"的商业方法论、酣客酒窖"销售+文化+体验+服务+私域流量"五位一体模式、"新圈层+新产业"融合战略等创新理论和方法论，引起了整个白酒行业乃至商业圈的关注。

在王为的带领下，酣客更注重品牌方的价值体验和口碑服务以及基于品牌核心价值所积累的势能。与此同时，王为更是在《重做》一书中反思定位。认为定位理论本身就有"三大坑"：一是严重的路径依赖，属于"重资产营销"；二是重视品牌、传播、品类，但不重视人、价值、创新；三是定位理论的前提是竞争和过度竞争。

他所倡导的"重做"理念，就是对各种要素重新组合，实现生产力和生产方式的变革，在商业本质上也就是满足用户更高层次的需求上实现价值创新。王为认为，这个价值并不依赖产品和市场，更多源自消费者的所需所想。只有以消费者为中心，不断创造新的优质体验，勇敢颠覆传统，坚持价值创新的过程，才能实现目标人群的精准覆盖和触达。尤其是在这个商业创新、颠覆重构的新时代，"重做"是中国企业家最大的机遇，只有重做才能重生。

品牌联想不容忽视

在享誉全球的知名品牌中，宝马、奔驰、路虎、红旗和华为拥有极好的中文名，其品牌认知度高，品牌联想非常积极正面；大众、丰田、吉利、长安以及荣威则拥有相对容易记忆的名称，符合国人传统文化认知，在主流市场拥有较高的识别度，品牌联想相对正面。与之不同的是，讴歌、雷克萨斯、沃尔沃、本田品牌名称难言优劣，其中雷克萨斯和沃尔沃都缺乏积极有益的品牌联想。

丰田进入中国豪华汽车市场时，对旗下积累多年有口皆碑的凌志品牌名称弃之不用，而后改名雷克萨斯。事实是凌志的名称拥有绝佳的品牌联想，与其主要目标客群中小企业主所拥有的凌云壮志般的发展愿望非常吻合。而雷克萨斯这一音译名让潜在消费者长期误认为是一个乐器的品牌，早期世人皆知"凌志"好，无奈"雷克萨斯"打天下，这一更名让其知名度上长期落后于宝马和奔驰。本田旗下高端豪华品牌讴歌的品牌联想更是极为负面。讴歌，英文名称Acura，源于拉丁语Accuracy（精确），标志为一个用于工程测量的卡钳形象，反映出讴歌精湛的造车工艺与追求完美的理念。但是中文名讴歌在《新华字典》中的释义为歌颂先烈，讴歌这一品牌名称严重忽视了中国本土文化的内涵，成为品牌负资产，讴歌也成为中国汽车行业少有的外资品牌失败案例。忽视品牌联想造成的灾难后果，是企业和4A（American Association of Advertising Agencies，美国广告代理商协会，泛指具有国际影响力的广告公司）犯过的最大历史错误。

这一错误也同样发生在国产品牌，长城汽车旗下的WEY品牌早期命名和后期随意更名导致"市场滑铁卢",就充分体现了企业和4A公司对品牌联想作用的忽视。2016年,长城发布了豪华SUV"WEY"品牌。这个以长城汽车创始人魏建军的姓氏"魏"来命名的品牌,也是长城汽车发力高端市场的匠心力作,颇受关注。然而,WEY的市场表现并不尽如人意。不仅被领克、红旗甩在身后,更是被蔚小理(蔚来汽车、小鹏汽车、理想汽车)等新势力汽车厂商全面超越。

一个品牌名和释义如若拥有积极的品牌联想,则会形成一个良好的品牌架构,这种架构足以改变市场格局,好比奥迪之于大众,林肯之于福特,红旗之于一汽。因此,企业和品牌需要重视品牌资产的无形要素——品牌联想。

传统品牌定位的陷阱

品牌定位最早源于里斯与特劳特在1969年首次提出"定位"的概念,在此之前,商业领域讲述的定位更多是指波特的战略定位和科特勒的市场定位。自里斯与特劳特提出品牌定位后,企业开始将消费者的认知作为竞争的终极战场,一切以在消费者心智中形成认知区隔、构建认知优势为竞争目的。但老定位理论的核心溯源依旧是广告理论,这从里斯1991年国内出版的《广告攻心战略——品牌定位》这一书名足以说明。

品牌定位就是要创建认知优势,最终用一词占据心智并形成条件反射般的购买决策或心智预售。例如提到果冻就想到喜之郎,提到怕上火就想到喝王老吉。为更好与消费者进行品牌定位的信息传达,杰克·特劳特在2011年出版的《与众不同——极度竞争时代的生存之道》一书中,提出了品牌定位中开创者、领导者、市场专家、历史经典、热销、受青睐、占据特性、制造方法、新一代这九大差异化方法。前六者可归结为市场特征，后三者则归结为产品特征。但无论品牌定位如何表达，都脱离不了大规模广告进行品牌推销的本质。

空有知名度容易成为"墓地品牌"

欧洲扬罗必凯公司在吉姆·威廉姆斯的指导下开发出品牌墓地模型，展现品牌的知名度和回忆度的作用（图9-1）。其中知名度高但回忆度低的品牌就被视为墓地品牌。消费者熟知品牌，并对其具有认知了解，但购买时却从不考虑选择。

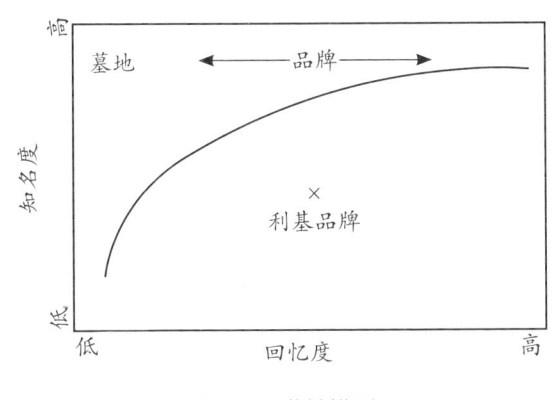

图9-1 墓地模型

沃尔沃拥有极强的安全特性认知和品牌知名度，却陷入了"打折促销、不促不销"的窘境，从与奔驰、宝马并驾齐驱的一线汽车品牌跌落到二线阵营中；海信电视、科龙空调和容声冰箱早期都有着良好的品牌知名度、品牌认知和品牌形象，但在各自领域中却不敌小米电视、格力空调和海尔冰箱。瓶装水领域的恒大冰泉和娃哈哈纯净水、鞋服领域的七匹狼和鸿星尔克，以及电商领域的美妆网和瓜子二手车等一系列品牌的衰落表明，空有品牌知名度和心智认知，缺乏品牌势能，品牌将处于墓地地位。

品牌定位并不局限于心智认知

从知道到购买，影响消费者决策因素众多。品牌偏好、品牌识别、品牌个性、品牌形象、品牌精神、品牌文化、品牌联想以及族群特征和消费场景是否与消费者预期一致，这些都会影响消费者的购买行为。因此，品牌定位并非局限于品牌在产品特征和市场特征方面的心智认知。

传统的定位咨询公司和4A公司对行为态度、消费偏好、决策要素和决策路径以及潜意识等大多缺乏重视，导致有大量经典案例无法用定位理论进行解读。比如，传统定位咨询公司认为奔驰代表尊贵、宝马代表驾驶感、沃尔沃代表安全，但在偌大的汽车行业里再也举不出第四个"一词可概括"的汽车品牌。大众、丰田这些知名的汽车品牌没有占据一个响当当的词语为何依然畅销世界？白兰地品牌里，"人头马一开，好运滚滚来"是因文化战略的成功还是品牌定位的成功？万宝路转型男士烟，是因品牌形象和品牌精神的成功还是定位为男士香烟的成功？耐克"just do it"是因文化战略成功还是定位为专业跑鞋的成功？显然，这些品牌都无法用定位理论进行分析解释，但这并不代表它们没有自己的品牌定位。

除了从产品特征和市场特征方面进行品牌定位外，品牌个性、品牌形象、品牌精神、品牌文化、品牌承诺、品牌服务、品牌价值观等都是品牌定位的维度。

品牌个性是基于品牌内涵所呈现的市场印象，从品牌个性可以进行品牌个性定位。比如哈雷摩托就通过代表自由不羁的个性，以此重回高端摩托地位,将本田等日系摩托重新定义为交通工具。

品牌形象是消费者对品牌所有联想的集合体,反映品牌在消费者心目中的联想图景,从品牌形象可以进行品牌形象定位。眼罩往往给人凶狠、狡猾的海盗或者坏蛋形象,但哈撒韦衬衫却借用戴眼罩的男人形象,跳出同质化的产品竞争,诉求"穿上哈撒韦衬衫,再粗糙的男士也可以变得优雅",将高贵、自信、优雅的品牌形象展现得淋漓尽致,广受白领阶层青睐。

品牌精神是指在消费者认知中,品牌所代表和蕴含的意义、象征、情感、品位等精神内涵,从品牌精神可以进行品牌精神定位。华为手机在遭遇美国制裁后,从发布磨难海报、自研芯片、通信和摄影技术领先到解决一系列供应链问题,充分展示着自强不息的民族品牌精神。

品牌文化是品牌的拥有者、使用者及向往者之间共同拥有的、与此品牌相关的独特信念、价值观、仪式规范的总和,从品牌文化维度也可以进行品牌定位。科罗娜之所以从最便宜的墨西哥啤酒一跃成为世界第五、美国第一的进口啤酒,核心在于紧抓20世纪90年代美国中产阶级对职场的焦虑和对海滨度假向往的时代背景,将墨西哥的海滩资源和美国人冬季海滨度假的习惯进行品牌仪式化关联,成为美国休闲文化的代表。

品牌联想是消费者品牌知识体系中与品牌相关联的一切信息结点,包含对产品功能性、品牌象征性和消费体验利益的联想,从品牌联想维度也可以进行品牌定位。川菜俏江南品牌名极易被误以为杭帮菜的品牌联想,导致大量顾客流失及非适宜顾客进店,大大增加了品牌的推广成本。为增加品牌独特性,"叫了个鸡"的餐饮品牌,最终被法院判定违反公序良俗，商标申请不予批准并罚款50万元。这些都是缺乏品牌联想定位的反面案例。

旧的心智规律难以解读新的消费人群

杰克·特劳特结合20世纪80年代认知心理学的早期研究成果，在乔治·米勒关于短时记忆的"7±2法则"基础上，于《新定位》一书中提出了心智容量有限、心智缺乏安全感、心智难以改变、心智厌恶混乱和心智易失焦点五大心智规律。艾·里斯及其中国合伙人在《品牌的起源》和《品类创新》这两本书中分别补充提出了心智分类储存和心智斥同存异两大心智模式。

当认知心理学发展到认知神经学后，定位理论提出的心智规律并未随之进行修正。根据最新的认知神经学研究表示，并非消费者的心智容量有限，而是消费者的注意力有限且长时记忆难以储存和提取。耗能的大脑让人天生就善于遗忘，网状分散的神经细胞使得记忆呈碎片化存储方式，需经过线索提示才能提取记忆。因此心智的入口像葫芦口一样狭小，但消费者的心智容量可以像葫芦的肚子一样大。经过线索提示后，消费者关于某个品类的品牌记忆数量完全可以打破短时记忆的局限性和有限性，给予后进的新品牌发展机会。如今的新消费品牌及场景革命观点都倡导将品牌资产中的关键要素进行线索化处理，并将其植入各个消费场景和产品元素中，再借用新媒体技术平台传播品牌线索，完成品牌的识别并实现场景销售，从而对惯用大规模广告轰炸的传统品牌实现认知抢占。

作为工业时代的产物，定位理论诞生之时消费者获取信息的通道极其有限。电视、报纸、收音机是主要传播渠道，人接触的信息渠道越少越容易被洗脑。2015年之后，伴随着新媒体的崛起，传播渠道呈碎片化发展。新一代的消费者会受抖音直播、知乎专栏文、小红书种草、朋友圈推荐、专家测评等多维度传播渠道的影响。在大量新兴信息的冲击下，单纯依靠大规模广告轰炸的推广效率和推广可信度将越来越低。电视里依旧放着海飞丝的广告，而抖音和小红书里墨雪（洗发水品牌）的推荐加码抢单的案例屡见不鲜。

此外，定位理论倡导的心智规律与年轻消费群体极其不符。中老年消费心智是安全稳定、跟随大众、不想多看多查，而年轻人的心智特征是充满探索欲和冒险欲，热爱接纳新生事物，反感循规蹈矩和因循守旧。因此，尝新尝鲜购买、朋友介绍购买、主播推荐购买、小众独特购买、评测查阅购买已成为新一代年轻人的购买行为。

传统的品牌定位适用行业有限

传统的品牌定位只适用于价格低、决策要素少的快消品，知名度和认知度成为决胜要素。但当消费价格越高、决策要素越多时，单一品牌知名度和认知度的影响力就越小，因此传统的品牌定位难以指导高端快消品、耐消品和奢侈品品牌打造。高端品牌往往需要品牌形象、品牌个性、品牌联想和品牌文化要素的支持。这些品牌要素是建立品牌关系和消费者忠诚度的强大推力，由此产生的消费者关系将更深更广，远超产品功能利益性和市场销量特征所能带来的品牌溢价性和消费关系。

波司登羽绒服开创了更保暖的90绒（90%的含绒量），也有着更时尚的外观设计，但售价远不及加拿大鹅。不是因为波司登产品质量和防寒性能不够，也不是其热销范围不够，更不是专业性和时尚度不足。原因在于波司登和加拿大鹅的品牌打造方法不同。加拿大鹅本身有着极强的加拿大文化属性，枫糖浆、冰球是加拿大在全球的文化符号。同时，加拿大鹅品牌本身蕴含着冒险精神和专业主义，伴随着攀岩、科考人群持续出名。与此同时，加拿大鹅以50年来使用加拿大和美国的野生郊狼皮毛为特色，产品属性层面有着稀缺奢侈的属性。再加上《体育画报》上的比基尼超模身披加拿大鹅的封面和各大影视电影中明星、政要人士的着装普及，加拿大鹅拥有了性感时尚、成功人士的品牌联想。而反观波司登，除了产品特征和市场特征外，并没有从品牌精神、品牌形象和品牌联想方面进行"轻奢"调性的品牌建设。

长期绑定单一品类特性不利于品牌延伸拓展

越聚焦于产品属性，越会淡化对品牌个性、品牌联想的构建，同时会让品牌存在两大局限性：一是产品层面容易被竞争对手跟进，难以保持差异化；二是降低了品牌的灵活性，不利于品牌进行相关性的延伸拓展。

2012年，美的和格力的市值势均力敌，均从千亿出发。两家企业的2022年年报显示，到2022年，格力电器实现营业总收入1901.51亿元，其中空调业务总计实现营业收入1348.59亿元，约占整体销售额的71%；而同年，美的公司营业总收入3457亿元，暖通空调[1]业务营收1506亿元，仅占美的总营收的33%。与美的相比，格力差距显而易见。

格力和空调品类关联性太强，致使空调品类的增长困境成为格力电器的增长困境，尽管格力后来也推出了晶弘冰箱、大松电饭煲和洗衣机、热

---

[1] 指室内或车内负责暖气、通风及空气调节的系统或相关设备，通过温度、湿度、空气质量等方面的控制，调节体感，提高舒适度。——编者注

水器、吸油烟机等产品，但消费者对其认知仍局限于空调领域，强大的"跷跷板效应"让更多跨品类的产品延伸也无济于事。而今，同样走跨品类发展路线的海尔智家市值已超2000亿元，格力极有可能跌落为电器行业第三。

新品类未必都需要启用新品牌

在《品牌的起源》书中，艾·里斯认为成功的最好方式是利用分化趋势开创并占据一个新品类，然后把品牌名烙印在这个新品类上。里斯中国合伙人张云在《品类战略》一书中更是直接强调"新品类最好启用新品牌"，因为一个品牌只能成为一个品类代表，老品牌推出的新品类往往容易被忽视。但事实上，新品类一味启用新品牌容易造成企业资源的浪费。从品牌相关性角度来看，如果关于某个品牌的联想能够与新品类产生相关性，利用以往的品牌名推出新品类将更好地利用原有的品牌资产，提升主品牌的品牌势能。

洽洽推出每日坚果并未启用新品牌，而是利用洽洽进行新品背书，同时完成了对洽洽的品牌形象年轻化。一直被五谷磨房压制的老金磨方，在发现芝麻丸的零食趋势后也未启用新品牌，让老金魔方利用芝麻原材料的相关性进入健康零食领域，让五谷磨房在健康零食领域的相关性被削弱。五谷磨房也曾针对年轻人的麦片市场，推出了口感更好的水果味麦片"吃个彩虹"。但由于新品牌吃个彩虹未能借用到五谷磨房的知名度和品牌势能，在企业内部已处于淘汰边缘的子品牌。小米集团在推出小米电视时被痛批，结果小米电视连续13个季度问鼎智能电商霸主地位，更是利用"智能硬件性价比之王"的品牌相关性在充电宝、摄像头、蓝牙音箱、智能插座等领域风生水起。

因此,以品牌相关性为基础,最大程度利用好已有品牌资产提升品牌势能,对新品牌的发展裨益巨大。而一味追求新品类启用新品牌的教条主义则是对企业资源的最大浪费。

图书在版编目（CIP）数据

品牌势能：存量时代品牌升级与增长路径 / 陈浩，王小博，李相如著. -- 北京：中国友谊出版公司，2024.9. -- ISBN 978-7-5057-5928-2

Ⅰ．F713.3

中国国家版本馆CIP数据核字第202420DY99号

书名	品牌势能：存量时代品牌升级与增长路径
作者	陈　浩　王小博　李相如
出版	中国友谊出版公司
策划	杭州蓝狮子文化创意股份有限公司
发行	杭州飞阅图书有限公司
经销	新华书店
制版	杭州真凯文化艺术有限公司
印刷	杭州钱江彩色印务有限公司
规格	710毫米×1000毫米　16开 16印张　181千字
版次	2024年9月第1版
印次	2024年9月第1次印刷
书号	ISBN 978-7-5057-5928-2
定价	65.00元
地址	北京市朝阳区西坝河南里17号楼
邮编	100028
电话	(010)64678009